JN317331

日本比較法研究所翻訳叢書
55

エーラース教授講演集

ヨーロッパ・ドイツ行政法の諸問題

ディルク・エーラース 著
山内惟介／石川敏行／工藤達朗 編訳

Probleme des europäischen und deutschen Verwaltungsrechts

Von
Dirk Ehlers

中央大学出版部

装幀　道吉　剛

D. Ehlers

原著者まえがき

中央大学（東京）とヴェストフェーリッシェ・ヴィルヘルム大学（ミュンスター）の間には、法学部を中心に、二〇年以上も交流関係が続いている。毎年、中央大学の教員がミュンスターで講義を行うか、あるいは逆に、ミュンスター大学の教員が中央大学を訪問し、ドイツ法・ヨーロッパ法または国際法に関する講演を行っている。本書は、わたしが一九九六年に客員教授として、あるいは二〇〇五年に訪問した際に、中央大学で行ったいくつかの講演を再現したものである。最初に置かれたのは、ヨーロッパ共同体法が行政法に及ぼす影響についての論文である。そのあとに、行政法と経済法の論文（行政手続における聴聞、公共企業体法）、さらにドイツ法曹養成制度の改革についての論稿が続く。手間と労力を要する翻訳という作業をしてくれたことに対して、山内、石川および工藤の諸教授に心から感謝する。これらの論文が目指したのは、ドイツ法またはヨーロッパ法に関する情報を伝えることであるが、比較法への関心を呼び起こしてほしい。同時に、これらの論文が二つの学部間のきわめて友好的な協力関係を一層深めることに寄与することを願っている。

二〇〇八年四月

ディルク・エーラース

編訳者まえがき

本書は、ディルク・エーラース教授（ミュンスター大学＝ヴェストフェーリッシェ・ヴィルヘルム大学）の四つの論文を収録している。最初のものを除く三本は、エーラース教授が、一九九六年および二〇〇五年に中央大学を訪問した際、日本比較法研究所と中央大学法学部で行った講演の原稿を翻訳したものである。最初の訪問の際、講演はほかにも行われたのであるが、今回は残念ながら本書に収録することができなかった。教授が中央大学を訪問された年から明らかなように、本書は本来ならはるか以前に出版されているべきものであったが、私の怠慢と諸般の事情により今日まで遅延してしまった。山内惟介教授と石川敏行教授のおかげでようやく刊行にこぎつけることができたが、エーラース教授には本書の遅延についてまずお詫びしなければならない。

本書の第一論文は、エーラース教授がエーリヒセン教授とともに編集した行政法総論のテキスト（Erichsen / Ehlers, Allgemeines Verwaltungsrecht, 12. Aufl., 2002）の中から、ヨーロッパ共同体法がドイツの行政法に与える影響を論じた部分を訳出したものである。エーラース教授は、同書冒頭の「民主的かつ社会的法治国家における行政と行政法」という項目を担当しておられるのであるが、翻訳はその第三章にあたる。同書は二〇〇六年に新版（第一三版）が出され、執筆者も一新している。エーラース教授の担当部分も構成が大きく変わっている。けれども、一般の日本人研究者からすると、基本的なところから説明している第一二版までの方がわかりやすいように思う。本書では、データとして古くなっているところはあるが、そのまま第一二版から訳出した。武市周作中央学院大学専任講師には、注の訳出のほか、本文全体に目を通して必要な訂正をしていただいた。

なお、この論文の翻訳を本書に掲載するについて、Walter de Gruyter社から快諾を得た。同社のご理解に対して、心から感謝する。

エーラース教授は、一九四五年フレンスベルクのお生まれで、キール大学とフライブルク大学で法律学を学び、一九七三年にコンスタンツ大学で法学博士号を、一九八一年にエアランゲン・ニュルンベルク大学で大学教授資格を取得された。一九八七年からミュンスター大学教授、一九八七年からは経済行政法研究所（現在の経済公法研究所）の所長となり、一九九四年から一九九六年まで法学部長を務められた。エーラース教授が中央大学とミュンスター大学の交流においても中心的役割を果たしておられることは、ドイツ語と日本語で出版された二つの記念論文集（Bernhard Großfeld, Koresuke Yamauchi, Dirk Ehlers und Toshiyuki Ishikawa (Hrsg.), Probleme des deutschen, europäischen und japanischen Rechts, Festschrift aus Anlass des 20-jährigen Bestehens der Partnerschaft der Westfälischen Wilhelms-Universität Münster und der Chuo-Universität Tokio auf dem Gebiet der Rechtswissenschaft, Berlin 2006；石川敏行＝ディルク・エーラース＝ベルンハルト・グロスフェルト＝山内惟介編『共演 ドイツ法と日本法（中央大学・ミュンスター大学交流二〇周年記念）』中央大学出版部・二〇〇七年）からも明らかである。遅ればせの出版ではあるが、本書が、エーラース教授の学説を日本に紹介するとともに、中央大学とミュンスター大学の交流が一層発展する機縁になることを願っている。本書の刊行にあたっては、いつもながら中央大学出版部の小川砂織さんのお世話になった。あわせてお礼申し上げる。

二〇〇七年三月二〇日

訳者を代表して　工　藤　達　朗

エーラース教授講演集

ヨーロッパ・ドイツ行政法の諸問題――目　次

原著者まえがき　工藤達朗訳　i
編訳者まえがき　工藤達朗　iii
ヨーロッパ共同体法が行政法に与える影響
Die Einwirkungen des Rechts der Europäischen Gemeinschaften auf das Verwaltungsrecht　工藤達朗 武市周作 訳　1
行政手続における聴聞
Anhörung im Verwaltungsverfahren　工藤達朗訳　67
公共企業体法
Das Recht der öffentlichen Unternehmen　山内惟介訳　97

目　次

ドイツの法曹養成制度改革について
Reform der deutschen Juristenausbildung　石川敏行訳　127

ディルク・エーラース教授著作目録

索　引

ヨーロッパ共同体法が行政法に与える影響

Die Einwirkungen des Rechts der Europäischen Gemeinschaften
auf das Verwaltungsrecht

工藤達朗
武市周作 訳

目次

第一章　ヨーロッパ連合とヨーロッパ共同体
第一節　ヨーロッパ統合過程の発展と水準
第二節　ヨーロッパ連合とヨーロッパ共同体の関係
第三節　ヨーロッパ共同体の構造
第二章　共同体法
第一節　共同体法の概念
第二節　第一次共同体法と第二次共同体法
第三章　共同体法の制定への構成国の関与
第四章　共同体法と国内法の関係
第一節　上下関係
第二節　国家に残された裁量の余地
第五章　共同体法の変形
第六章　共同体法の行政的執行
第一節　共同体独自の執行
第二節　構成国による執行
第七章　権利保護

〔1〕 現行のドイツ法は、諸国家の協力関係が増大したために、国際法や超国家的法――すなわち、とくにヨーロッパ共同体法――によってますます強い影響を被っている。国際法は、通説である二元論によれば、国内の法規範によって国内法に転換された場合（変形理論）か、あるいは、ある国内法的行為が国際法上の法規を国内領域で適用するよう命じる場合（執行理論）[1]にのみ、国内法の領域で効力を有するのであるが、このような国際法とは異なって、ヨーロッパ共同体法は、共同体の構成国において、国家の変換行為〔国内法の制定〕なしに直接適用される。[2] さらに共同体法は、連合の市民やその他の私人に権利を賦与し義務を課すという意味でも、直接適用可能でありうる。ここから同時に、ヨーロッパ共同体法は、国内法に覆い被さり、それを押しのけることができることが明らかになる。したがって、ヨーロッパ共同体法が行政法に与える影響については、特別の考察を必要とする。なぜなら、この共同体法は、確かに行政法の対象だけを規律するというのではないが、主として行政法の対象を規律するものだからであり（例えば、職業への接近や滞在権などの諸問題）、また、共同体法の意義――今日すでに非常に高い意義――はますます増大しているからである。それ故、以下においては、まず最初に、ヨーロッパ連合とヨーロッパ共同体（第一章）、ならびに共同体法（第二章）に一般的に言及する。その後で、共同体法の制定への構成国の関与（第三章）と、共同体法と国内法との関係（第四章）について、そして共同体法の変形（第五章）について見ていくことにする。最後に、共同体法の行政的執行（第六章）と権利保護（第七章）について述べる。

第一章　ヨーロッパ連合とヨーロッパ共同体

第一節　ヨーロッパ統合過程の発展と水準

［2］「ヨーロッパ共同体（単数）」という概念の下には、日常用語上、現存する二つの法的に独立したヨーロッパ共同体（複数）が包括されている。これらは、一九五七年に創設されたヨーロッパ原子力共同体（EAG）および（とくに）同年に設立されたヨーロッパ経済共同体（EWG）[3]であって、後者は、ヨーロッパ連合条約によって、ヨーロッパ共同体（EG）と改称されたため（EG条約一条）、それ故、法的に見れば、後者だけがこの名称を備えているのである。一九五一年に創設されたヨーロッパ石炭鉄鋼共同体（EGKS）は、これによってヨーロッパの統合過程が開始したのであるが、二〇〇二年七月二三日の満了とともに消滅した[4]。現在、上述の二つの共同体には一五の構成国が所属している（ベルギー、デンマーク、ドイツ、フィンランド、フランス、ギリシア、アイルランド共和国、イタリア、ルクセンブルク、オランダ、スウェーデン、オーストリア、ポルトガル、スペイン、グレートブリテン・北アイルランド連合王国）。これ以外の国々（とくに東欧の国々）の加入が審議されている。諸共同体の設立条約は、とくに、一九八六年二月二八日の単一欧州議定書[5]、一九九二年二月七日のヨーロッパ連合条約（マーストリヒト条約[6]）、そして一九九七年一〇月二日のアムステルダム条約[7]によって、本質的に改正された。現在、二〇〇一年二月二六日に調印されたニース条約[8]の構成国による批准が待たれている。この条約は、新たに加入が予想される構成国をも考慮して、制度の改正を定めた

（例えば、委員会の議長の役割の強化、理事会における多数決原理の拡大、理事会における構成国の投票数の再配分、議会における議席配分の改正、裁判所組織（Gerichtsverfassung）の改正）。ヨーロッパ理事会（EU条約四条）は、二〇〇一年一二月のラーケン（Laeken）会談において、それ以上の改革提案を行うべき「将来のヨーロッパのための諮問委員会（Konvent）」の設置を議決し、さらなる改革提案を行うべきものとした。さらにEG委員会は「ヨーロッパを統治する」という白書を発表し、同じく現行法の多数の改正に賛成している。(9)

第二節　ヨーロッパ連合とヨーロッパ共同体の関係

[3]　ヨーロッパ連合条約（EU条約一条一項）は、いわば三つの支柱の上にある屋根である。つまり、

1　ヨーロッパ諸共同体（EG、EAG）

2　共通外交および安全保障政策（GASP）(10)、および、

3　刑事事件にける警察および司法協力（PJZS）(11)、である。

ヨーロッパ連合は政治連合を目標としているが、これはまだ完全には実現していない。ヨーロッパ連合の課題は、諸構成国間および諸国民間の関係を統一的かつ連帯して形成することである（EU条約一条三項）。

[4]　ヨーロッパ共同体の国際法主体性に関する争い（[5]）にかかわらず、共通外交および安全保障政策（GASP）と、刑事事件における警察および司法協力（PJZS）は、政府間で、すなわちヨーロッパ共同体の外で一般の国際法に基づいて行われるので、通常の国際法の規則が適用されるという点は争いがない。にもかかわらず、一方ではGASPおよびPJZSと、他方では諸共同体との間には、多くの結びつきが存在する。それ故、一定の原則は

両方の領域に適用される（EU条約六条）。また、EU条約三条によれば、GASPおよびPJZSを実現するために、ヨーロッパ連合（EU）はヨーロッパ理事会（EU条約四条）の指導の下にヨーロッパ共同体の機関を利用してもよいのだから（EU条約五条）、統一的な制度的枠組が存在する。したがって、理事会（EG条約二〇三条）、委員会、ヨーロッパ議会も、それどころか一定の範囲ではヨーロッパ裁判所（EU条約四六条）も、このような協力関係に組み入れられるのである。

第三節　ヨーロッパ共同体の構造

［5］　EGは、EAGと同じく、法人格（国際法的主体性[12]）と、各構成国においてそれぞれの国が法人に対して与えている最も広範な権利能力と行為能力（私法上の能力）を有する、EG条約二八二条、EAG条約一八五条。ヨーロッパ連合も（国際）法的主体性をもつか否か[13]、争いがある。例えばEG条約二八一条とは異なり、連合条約は明文の規定を含んでいない。ヨーロッパ連合に国際法的主体性と構成国における権利能力を黙示的に与えるという構成国の意思は、通常は否定されている[14]。しかしながら、構成国を拘束する能力（EU条約三四条二項bおよびc）と外交関係において行為する能力（例えば、EU条約二四条・三八条）の故に、連合の内部でも外部でも、国際法上の権利能力（そして同時に、構成国のきわめて限定された権利能力）が承認されなければならない[15]。

［6］　二つのヨーロッパ共同体について、フュージョン[16]により共通の機関が創設された。これらの機関は、限定された個別授権の原理に厳格に従って、これらの機関にその都度条約により認められた権能だけを行使することができる（EG条約五条一項、EAG条約三条一項[17]）。最も重要な機関は、理事会[18]、委員会、ヨーロッパ議会、ヨーロッパ裁判

所（EuGH＝欧州司法裁判所）および会計検査院である。

［7］　理事会は――立法機関のように選挙で選ばれるのではなく、構成国の大臣レベルの交代する代理人から成るにもかかわらず、これらの代理人は、その構成国の政府のために拘束力をもって行動する権限を有する[19]――主要な法制定機関である。その際、理事会が自主的な法制定権を有するのはきわめて稀である。[20]けれども、理事会は委員会に提案を提出するよう要請することができる（EG条約二〇八条）。通常は、特定多数決で決定がなされる（EG条約二〇五条二項）。通常は、理事会は委員会の提案を必要とする。その他の権限としては、例えば、予算の決定（EG条約二七二条三項）、人的組織の決定（例えば、EG条約二四七条三項）、第三国または国際組織との条約の締結（EG条約三〇〇条）またはEU条約の実施（例えば、EU条約一五条・三〇条二項）がある。

［8］　現時点では二〇の構成員から成る委員会（EG条約二一三条一項）は、部分的な立法権（始原的な性格のものと委任された性格のもの[21]）を有する行政機関として、理事会を補完する機能を行う。その活動の重点は、理事会の法行為の提案、実施措置の発布、予算案の執行［財政計画の実施］および共同体法の適用と実施に関する構成国のコントロール（EG条約二二六条）である。

［9］　ヨーロッパ議会は、一九七九年以来、民主的に直接選挙されており[22]、その地位がヨーロッパ連合条約によって強化された[23]にもかかわらず、真正の立法権をまだもってはいない。むしろ、議会の立法への参加にはさまざまな段階がある（任意的または義務的な聴聞［EG条約一七五条二項］、協力手続［EG条約二五二条］、共同決定手続［EG条約二五一条］、予算手続における共同決定権［EG条約二七二条[24]］、個々の立法行為に関する同意権［例えばEU条約四九条、EG条約一〇七条五項・三〇〇条三項］）。これに対して、議会の積極的な最終決定権が欠けている。上述の権限と並んで、ヨーロッパ議会は、とくに予算に関する権限（例えば、EG条約二七六条）、共同体の機関や制度の活動に関する監督権（E

G条約二〇一条による不信任投票にまで至る）、および、委員会の構成員の任命の際の関与権（EG条約二一四条二項）を有する。[25]

〔10〕 ヨーロッパ裁判所（欧州司法裁判所）は、共同体条約の解釈および適用に際して、法の遵守を確保する（EG条約二二〇条）。一定の訴えのために、ヨーロッパ裁判所に第一審裁判所が付置された。[26] その裁判によって――とくに裁判官による法の継続的形成によって――ヨーロッパ裁判所は共同体法の発展に持続的に影響を与えてきた。法の継続的形成について、ヨーロッパ裁判所は、EG条約二二〇条の文言（「この条約の解釈および適用について法の遵守」）によってすでに、その権限が与えられている。しかしその際、ヨーロッパ裁判所は、条約と共同体法の不文の原則から生じる（団体および機関の）権限の限界を考慮しなければならない。[27] ヨーロッパ連合に関しては、ヨーロッパ裁判所の裁判権はきわめて限定的にのみ認められている（〔4〕）。

〔11〕 会計検査院（EG条約二四六条）には、共同体の財政的自律が増大するとともにますます重要になってきた、収入と支出についての合法性と正規性ならびに経済性の審査が義務づけられている（EG条約二四八条）。このコントロールを実効的なものとするため、その構成員は独立であり、また、共同体の利益にのみ義務づけられている（EG条約二四七条四項）。

（1） § 6 Rn100 における論証を参照［原著の他の箇所の参照指示。以下、六節［100］のように訳すが、それらの箇所は本訳書には掲載されていない］。さらに、*Geiger* Grundgesetz und Vökerrecht 1994, 29 II, § 32 II 2 ; *Schweitzer* StR III, Rn 423 ff.
（2） もっとも EuGH Slg 1964, 1251, 1269 ; 1978, 629, 643 ff. ; BVerfGE 31, 145, 173 f. 参照。
（3） 当該共同体条約については、BGBl 1952 II, 447 ; BGBl 1957 II, 1014 ; BGBl 1957 II, 766 を参照。以下では、ヨーロッパ石炭鉄鋼共同体（EGKS）およびヨーロッパ原子力共同体（EAG）については、これらの共同体がヨーロッパ共同体（E

G）とは異なり格別の特殊性を示している限りにおいてのみ、論じることとする。

（4）ヨーロッパ石炭鉄鋼共同体条約（ＥＧＫＳＶ）九七条を参照。ヨーロッパ石炭鉄鋼共同体条約の経過における財政的効果に関する議定書によれば、ヨーロッパ共同体の全財産と全債務は受け継がれている（ABlEG 2001/C Nr 80/67）。

（5）BGBl II, 1102.

（6）BGBl II, 1253. この条約については、例えば、*Oppermann/Classen* NJW 1993, 5 ff.; *Simon/Schwarze* Europäische Integration und Grundgesetz 1992; *Hahn* Der Vertrag vom Maastricht als völkerrechtliche Übereinkunft und Verfassung 1992 を参照。ドイツの状況に関する概観については、とりわけ、*Everling* DVBl 1993, 936 ff.; *Pernice* DVBl 1993, 909 ff.; *Schwarze* JZ 1993, 585 ff.; *Breuer* NVwZ 1994, 417 ff.

（7）BGBl 1998 II, 387.

（8）ABlGE 2001/C Nr 80/1.

（9）KOM (2001) 428 endg.

（10）ＥＵ条約一一条から二八条。

（11）ＥＵ条約二九条から四二条。

（12）ＥＧ条約二八一条、ＥＡＧ条約一八四条を参照。国際法上の権利能力（Völkerrechtsfähigkeit）は、付与された権利・義務の範囲に制限され（*Beutler/Bieber/Pipkorn/Streil* Die Europäische Union, 5. Aufl 2001, 689 ff.）、支配的見解によると、第三者（国家、国際機構）が共同体を権利能力があるものとして承認した場合に、第三者に対して主張されうる（*Seidl-Hohenveldern/Loibl* Das Recht der internationalen Organisationen einschließlich der supranationalen Gemeinschaften, 7. Aufl 2000, Rn 0321 f., 0700 ff.）。

（13）これを肯定するものとして、例えば、*Ress* JuS 1992, 985, 986; *Bleckmann* NVwZ 1993, 824; *Dörr* EuR 1995, 334, 337 ff.; *v Bogdandy/Nettesheim* NJW 1995, 2324, 2327.

（14）BVerfGE 89, 155, 195; *Koenig/Pechstein* Die Europäische Union, 3. Aufl 2000, 20 ff. を参照。

（15）論争の状況についてさらに詳しいものとして、*Wichard* in: Calliess/Ruffert, EUV/EGV, Art 1 EGV Rn 4 ff.; *Stumpf* in: Schwarze, EU, Art 1 EUV Rn 20 ff.

（16）一九五七年三月二五日（BGBl II, 1156）および一九六五年四月八日（BGBl II, 1454）の条約上の規律を参照。

（17）ＥＵ条約五条も参照。正当にも連邦憲法裁判所は、ＥＵ条約六条は上述の原則を何ら変更するものではないことを確認した（BVerfGE 89, 155, 195 ff.)。

(18) これは、Beschluss 93/591/EU, EG, EGKS, Euratom des Rates v 8. 11. 1993 (ABl L 281, 18) によって、「ヨーロッパ連合理事会（Rat der Europäischen Union)」と名付けられた。

(19) ＥＧ条約二〇三条、ヨーロッパ原子力共同体条約一一六条。それ故、ヨーロッパ共同体法は、ラント大臣による連邦共和国の代理を認めている。

(20) 規則制定についてさらに詳しいものとして、*Borchardt* Die rechtlichen Grundlagen der Europäischen Union, 2. Aufl 2002, Rn 358 ff.

(21) 例えば、ＥＧ条約八六条三項・二〇二条を参照。

(22) Akt zur Einf allg unmittelbarer Wahlen der Abgeordneten des Europäischen Parlaments v 20. 9. 1976, ABl L 278, 1 を参照。共同体における統一的な選挙手続は、しかしながら、今日まで規律されてこなかったので、選挙は各国の選挙法によって実施されている。五％条項に関する批判については、*Ehlers* Jura 1999, 660, 665.

(23) 例えば、ＥＧ条約一九二条（催告権）、一九三条（審査権）、一九四条（請願権）、二一四条（委員任命の公聴会）、二三〇条三項（訴権）、二五一条（共同決定手続）を参照。

(24) しかし、ＥＧ条約二六九条も参照。

(25) 全体については、*Beutler/Bieber/Pipkorn/Streil*（注(12)）139 ff.

(26) Beschluss des Rates 88/591/EGKS, EWG, Euratom v 24. 10. 1988 (ABl L 319, 1) との関連におけるＥＧ条約二二五条。この決定は、繰り返し変更された。さらなる変更を、ニース条約は予定している（［2］）。

(27) 法の継続的形成の限界については、*Ukrow* Richterliche Rechtsfortbildung durch den EuGH, 1995, 152 ff.

第二章　共同体法

第一節　共同体法の概念

〔12〕　共同体法［の概念］は、諸国家の「統合しつつある結合の法」と理解されなければならない[28]。それ故、「ヨーロッパ共同体法」に属するのは、二つのヨーロッパ共同体（ＥＧ、ＥＡＧ）の法である。さらに、ヨーロッパ連合条約も共同体法に分類されるべきである[29]。したがって、共同体法（しばしば狭義のヨーロッパ法とも呼ばれる[30]）は（広義の）ヨーロッパ法よりも本質的に狭い。後者は、ヨーロッパ国際法と、ヨーロッパのすべての国際組織の規範的規律に及ぶものだからである。ヨーロッパ法に数えられるのは、例えば、ヨーロッパ経済圏（ＥＷＲ）、西欧同盟（ＷＥＵ）またはヨーロッパ評議会の規範的規律である。ヨーロッパ評議会の最も重要な条約上の成果は、人権と基本的自由の保護のための条約（ヨーロッパ人権条約＝ＥＭＲＫ[31]）とヨーロッパ社会憲章である。しばしば用いられる「ＥＵ法」の概念は、二つの共同体（ＥＡＧ、ＥＧ）の一つの枠内で発せられる法行為のために使われる場合には、不適切である。なぜなら、そのような法行為は、それぞれの該当する条約（ＥＡＧ条約、ＥＧ条約）の規範にもっぱら基づいているからである。ＥＵ法（EU-Akten）について語るのは、行為の根拠がＥＵ条約の規範である場合に限るべきであろう[32]。

第二節　第一次共同体法と第二次共同体法

ＥＧ法は、第一次共同体法と第二次共同体法に分けられる。

[13]　一　第一次法。第一次法［という言葉］で理解されるのは、設立条約（つまり、ＥＡＧ条約およびＥＧ条約――あわせて付属文書、議定書、それ以降の改正）、共同体法の不文の法の一般原則（［23］）[33]、および、設立条約を補充する慣習法である。

[14]　共同体諸条約の中では、ＥＧ条約が、ずばぬけて重要である。ＥＧ条約は、まず第一に、経済的な任務と目標を追求する。それらは、共同市場の設立（ＥＧ条約二条）ないしは域内市場の実現（ＥＧ条約一四条）[34]、ならびに、経済通貨同盟の設立（ＥＧ条約四条）によって達成されるべきものである。この経済との関連性は広く捉えられているので、多数のそれ以外の領域も含まれている。[35]さらにＥＧ条約は、非経済的な目標の追求に関する規定も含んでいる（例えば、地方参政権に関するＥＧ条約一九条、文化に関するＥＧ条約一五一条、あるいは健康に関するＥＧ条約一五二条が挙げられる）。これらの条約は、共同体と構成国、そして（部分的にはさらに）私人に対しても、権限を与えかつ義務を負わせる。それらの規定は、明白かつ一義的で、無条件で、網羅的で、かつ法的に完全であって、さらにその実現または実効性のために、国家または共同体のそれ以上の行為を必要としない場合には、名宛人によって直接適用されなければならない。[36]直接適用が可能である場合であっても、これはまだ個人に主観的権利が認められることを意味するものではない（［36］参照）。

[15]　(1)　基本的自由と一般的な差別禁止。とくに重要なのは、ＥＧ条約の基本的自由――すなわち、物の自由移

動（EG条約二三条以下）、労働者の移転の自由（自由移動）（EG条約三九条以下）、居住の自由（EG条約四三条以下）、サービスの自由移動（EG条約四九条以下）、および資本と支払の自由移動（EG条約五六条以下）、ならびに、EG条約一二条の一般的な差別禁止である。これらの権利を有するのは、構成国の国籍保有者、共同体内に住所または営業所を有する法人（EG条約四八条参照）、さらに一定の条件の下では、第三国人および共同体外の法人または団体である[37]。

これらの規範が義務づける名宛人は、まず第一に構成国、さらに共同体自体であり[38]、そして、きわめて問題のある[39]ヨーロッパ裁判所の判例によれば、私人も、いずれにせよ経済上の権力的地位を有する場合には[40]、規範の名宛人なのである。これらの規範の適用対象は、この点に関する通説によれば、国境を越える事実関係に限られる[41]。それ故、これらの規範は、とりわけ[42]外国の市場市民に役立つ[43]。これに対して、これらの規範は、純粋に国内的な事実関係について自国民をEG外国人よりも厳しくあるいは過酷に取り扱うことを構成国に禁じるものではない（内国人差別の適法性[44]）。それ故、例えば、ドイツのビール純正法はEG法と一致しないが[45]、ドイツのビール醸造業者についてだけは維持することが許されるのである。連合市民権（EG条約一七条以下）も自国民に包括的な差別されない権利を与えるものではない[46]。

[16] 基本的諸自由は、それぞれの領域に特有なかたちでEG条約一二条の差別禁止を具体化しており、保護された人の公然たる（明らかな）差別だけでなく、隠された差別をも禁止する[47]。さらに基本的自由は制限禁止を含んでいる[48]。このことは、基本的自由の行使が制限される場合には、自国民とEG外国人の区別なく等しく妥当する規定に対しても、基本的自由が適用されることを意味する[49]。したがって、基本的自由は同時に自由権なのである。最後に、個人は、一定の前提の下で、私人の違法な介入からの保護を公権力に求める権利を基本的自由から導き出すことができる[50]。

〔17〕 基本的自由の保護領域、差別の概念および制限の概念は、広く解釈される。それ故、ダッソンヴィル（Dassonville）の定式に従って、共同体内の取引（Handel）を直接または間接に、事実上または潜在的に阻害する効果をもつ（geeignet）、構成国のあらゆる取引規制は、EG条約二八条の意味における同様の効果を有する措置とみなされるべきである。(51) 異議を申し立てられた措置が、サービス業者の活動を妨げ、阻害し、魅力を減少させる効果をもつときは、サービスの自由移動の制限であるとみなされる。(52) 基本的自由が際限なく拡張するのを防ぐために、ヨーロッパ裁判所は三重の観点で限定を加えた。まずヨーロッパ裁判所は、カシス（Cassis）判決で、差し迫った必要性があれば基本的自由の制限はやむを得ないことを明らかにした。(53) 確かにそこでは、構成要件の制限ではなく、不文の正当化根拠の許可が問題であった。次に、ケック（Keck）判決によれば、（生産にかかわる規定とは異なり）ある特定の販売方法のみを制限または禁止する国内規定には、この制限または禁止がその構成国におけるすべての経済参加者に適用され、他の構成国の製品の販売（Absatz）を差別するものでない限り、EG条約二八条以下は適用されるべきではない。(54) この背後には、一般化可能な、他の基本的自由にも転用することができる考え方がある。(55) すなわち、制限禁止は、特殊に国境を越える関連を示す措置と、市場または職業への接近を阻害する措置に対してのみ保護を与えるべきだ、ということである。最後に、基本的自由は「あまりに不明確で、あまりに間接的に作用する事件」と結びついた規定を含むべきではない。(56)

〔18〕 基本的自由の侵害が正当化されるのは、その措置が明文の制約規定に基づきうる場合（EG条約五五条・五七条一項・五八条一項と結びついた三〇条・三九条三項・四六条）、または、カシス判決の意味における差し迫った必要性が存在し、かつその措置が比例原則に反せず、(57) そして基本権の本質的内容を侵していない場合である。差し迫った必要性という不文の制約が差別的な侵害をも正当化しうるのか、従来は不明確なままであった。これは、公然たる差別に

ついては否定され、隠された差別については肯定されるべきである(58)。

[19] ＥＧ条約一二条の一般的な差別禁止(59)は、基本的自由と比較すれば補足的ではあるが、条約の適用領域において国籍を理由とする「あらゆる」差別を禁止する。国籍以外の理由による区別は、許されることがある(60)。一般的差別禁止の適用領域は、ＥＧ条約一八条の連合市民規定によって拡張された(61)。しかしながら、完全な統合を求める権利をそこから引き出すことはできない。なぜなら、ＥＧ条約一八条一項は、移転の自由の権利を「この条約と実施規定において定められた制限と条件を留保して」与えたにすぎないからである。

[20] (2) 競争規定。一般的な差別禁止や基本的諸自由と並んで、ＥＧ条約八七条以下の補助［禁止］規定を含むＥＧ条約八一条以下の競争規定が、とくに重要な実体共同体法の規定である。ＥＧ条約八一条・八二条の企業の概念は、経済的活動の意味において機能的に理解されるべきであり(62)、また、利益を獲得する意図で私人によって行使される場合には、国家（die öffentliche Hand）の活動も経済的性格を有するのだから(63)、競争法は相当程度国家行政の行為に対しても影響を与える。一般的な経済的利益のためのサービスを委託された企業は、ＥＧ条約八六条二項に従って免責（Freistellung）が考慮される(64)。ＥＧ条約八七条の補助の禁止は、確かに直接適用することはできない。なぜなら、その規定の第三項がＥＧ委員会に裁量の余地を認めているからである(65)。この規定は、ＥＧ条約八八条二項に基づく委員会の個別事件決定による具体化か、あるいは、ＥＧ条約八九条に基づく理事会の一般規定による具体化を必要とする(66)。それに対して、直接に適用できるのは、ＥＧ条約八八条三項一文（委員会への報告義務）と三文（委員会の最終決定以前に補助を与えることの禁止）である。補助の返還請求について詳しくは、［67］。

[21] (3) 不文の法の一般原則。ＥＧ条約二二〇条（法の遵守）に基づいて、ヨーロッパ裁判所は、裁判官による法の継続的形成の方法で、法の一般原則を発展させた。まず挙げられるのが、共同体の基本権である。連合市民権（Ｅ

G条約一七条以下）のような個々の保障を別にすれば、成文の条約には基本権カタログが存在しない。ヨーロッパ裁判所は共同体の基本権を構成国の憲法伝統と、人権保護に関する国際条約、とくにヨーロッパ人権条約（EMRK）から導出した。[67] 憲法伝統とヨーロッパ人権条約は、そこから裁判所が評価的な比較法に基づいて共同体の基本権を取り出す法認識の源泉として機能するのであって、法源ではない。今日では、この種の法獲得はEU条約六条二項によって守られている。共同体法のヨーロッパ人権条約への直接的な拘束は、今のところ問題にならない。なぜなら、ヨーロッパ人権条約に署名できるのはヨーロッパ評議会（Europarat）の構成員[68]（したがって国家）だけであり、共同体にはヨーロッパ人権条約に正式に加盟する権限が欠けているからである。[69] 諮問委員会（Konvent）が作成し、ヨーロッパ理事会が二〇〇〇年のニース会議で厳粛に宣言したヨーロッパ連合の基本権憲章[70]は、これまで法的拘束力を欠いている。[71] ヨーロッパ裁判所が承認した個々の基本権は、ヨーロッパ人権条約の基本権を超えており、基本法が国内法の領域で保障する基本権とほとんど一致している。一般的行為の自由の基本権さえ、ヨーロッパ裁判所は実質的に承認した。[72] 自然人と法人および団体は、権利主体（Berechtigten）として、自由権の保障と並んで、平等な取扱いを求める権利と手続上の保護を求める権利も有する。さらに基本権憲章は、一連の社会的基本権をも認めている。共同体の基本権に義務づけられる名宛人は、まず第一に共同体であるが、共同体法を国内法に変換し、共同体法を執行し、または国内の措置によって基本的自由を制限する場合には、構成国も共同体の基本権に義務づけられるのである。[73] 構成国は、ヨーロッパ人権条約の締約国としての特質において、共同体法を［国内法に］変換し執行する場合もヨーロッパ人権条約に拘束され、その限りでヨーロッパ人権裁判所の裁判に服するのである。[74]

［22］ ヨーロッパ裁判所は、共同体の基本権と並んで、多数の法治国家的原則（例えば、法律による行政の原理、法的安定性と信頼保護、法的聴聞、文書閲覧および行政の説明を求める権利、証拠利用の禁止など）を共同体の法秩序から取り出

した。[75] 法治国家の最も重要な手続原則は、（拘束力のない）基本権憲章四一条において「公正な行政を求める権利」の題名でまとめられている。さらにヨーロッパ裁判所は、共同体法から実効的な権利保護を求める権利を導出した。[76] 共同体と同じく（EG条約二八八条二項）、構成国も第一次および第二次共同体法の違反について責任を負わなければならない。[77] 違反された法規範が個人に権利を付与する目的を追求し、違反が十分重大（qualifiziert）であり、国家に課された義務に対する違反と被害を受けた人に生じた損害との間に直接の因果関係が存することが、その前提である。その責任は国内法に従うが、国内法は共同体適合的に解釈されなければならない（争いがある）。国内法に国家責任が存在しない場合、請求権の根拠は共同体法から直接生じる。[78] いかなる機関が違反の責任を取るかは、重要ではない。ドイツ法には立法の不法に対する責任それ自体が存在しないが、それにもかかわらず、上述の前提の下では、国内立法者の共同体法違反について責任を負わなければならないのである。責任の主体は国内法に従って決定されるが、場合によってはラントや国家権力の他の担い手も請求されることがありうるのである。[79]

[23] 法の一般原則は、条約と同ランクにあり、それ故、第二次法に対する基準としての性格をも有する。[80] このことは、行政法上の共同体法原理が第一次法の下位で妥当することを排除するものではない。[81] 従来、慣習法が共同体法において大きな意義を有することはなかった。[82]

[24] 二 第二次法。第二次法と呼ばれるのは、設立条約に基づき、共同体の機関によって発せられた法である。とくにEG条約五条一項・七条一項二文および二四九条に表現されている限定的な個別授権の原理によれば、理事会、委員会および議会は、一般的に立法活動を行うことは許されず、設立条約によりその活動に対して授権がなされている場合にのみ、立法活動をすることができるのである。[83] 確かに、この原理は、EG条約三〇八条・EAG条約二〇三条のような、条約の欠缺をうめる手続によって破られている。それによれば、理事会は、もしそれが共同体の目的を

実現するために必要であると思われるならば、その条約の中にはいかなる権限も定められていない場合でも、(委員会の提案に基づき、かつヨーロッパ議会と協議の後、全会一致で) 適切な規定を発することができるのである。

〔25〕その権限を行使する際、機関は、補完性原理 (EG条約五条二項) および比例原則 (EG条約五条三項) を遵守しなければならない。補完性原理によれば、共同体は、その独占的な権能に属さない領域においては、問題とされた措置の目標が構成国のレベルでは十分に達成することができず、そしてそれ故、その規模ないし効果のために共同体のレベルでの方がよりよく達成することができる限りにおいてのみ、共同体は活動することができるのである。必要なことは、国内法の介入 (Zugriff) が限定されているため、構成国がその目標を達成することができず、かつ、共同体の行為が明らかな有利をもたらすことである。[85] 補完性原理との一致は、法的行為について理由の添付を必要とする (EG条約二五三条)。その際、判例によれば、指令の理由づけにおいて補完性原理に明示的に言及することは、次の場合には必要ではない。すなわち、その活動 (Tätigwerden) によって追求される目標が、規定された措置の規模 (Dimension) により、共同体レベルでよりよく実現されるという見解を共同体の立法者が有していたことが、理由づけの考慮から明らかである場合である。[86] 比例原則は、主として、共同体の活動の「方法 (Wie)」にとって重要である。EG条約五条三項は必要性に言及するにすぎないが、その措置は適合的でかつ釣り合いがとれて (angemessen) いなければならない。

〔26〕第二次共同体法は、まず第一に、規則および指令ならびに (個別的かつ拘束的) 決定から成る (条約について〔53〕参照)。公表、理由添付義務、確定力 (Bestandkraft) および執行力は、第一次法において規定されている。[87] それと並んで、EG法には、議決 (Beschlusse)[88]、ならびに、内部法に分類されるべき法規 (例えば、各機関の事務規則) がある。最後に、ますます重要になってきているのが、「ソフト・ロー (soft law)」[89] である。それは、非規制的行為形式

（例えば、勧告、意見または非拘束的プログラム）から成っており、それ故に、確かに法的には重要でありうるが、しかし、何ら法源ではない。いわゆる無名の法的行為、すなわち、条約法――とくにEG条約二四九条――において挙げられた行為カテゴリーの一つに位置づけることのできない行為形式は、拘束力を有し、したがって法源たりうる。[90][91]

[27]（1）規則。規則は、一般的効力（すなわち、不特定多数人に対する効力）を有し、そのすべての部分において拘束力をもち、そして各構成国において（変形行為なしに）直接的効力を有する（EG条約二四九条二項）。規則は、共同体と並んで、構成国それ自体だけでなく、その行政庁および裁判所、さらには規則の中で言及された個人に対し、権限を与え、義務を負わせる。国内法上の行為が規則に違反した場合、構成国法の一般準則に従って瑕疵の効果が決定される。例えば、行政行為は原則として違法であるが、無効ではない。[92]

[28]（2）指令。共同体の主たる行為形式が指令である。規則とは反対に、指令は、原則として構成国に対してのみ妥当する法であり、達成されるべき目標に関してのみ、これらの構成国を拘束する（EG条約二四九条三項）。それ故、指令は、国内法への変換を必要とする。その際、方式と手段の選択は、国内の機関に任される。このことは、通説によれば、国内法へ変換する際の構成国の裁量範囲をゼロに収縮する詳細な規律を排除するものではない（目標と手段は互いに他から明確に区別されるものではないし、広範な目標を達成する手段自体が中間目標たりうるからである）。[93][94]

[29] 例外的に、指令が直接的な効力をもち、または適用可能であることがありうる。ひとつには、指令を［国内法に］変換しないか、正確に変換していない国家が、信義誠実の原則に従えば、自分自身の利益のために他者に対して自分自身の義務違反の行為を援用することは許されない（いわゆるエストッペルの原理）。もうひとつは、構成国が指令を国内法に変換しないか、正規のかたちでは変換しないことによって、指令で追求されるべき目標の実現を無に帰せしめる権限を構成国がもつのだとすれば、指令の実効性（effet utile）が失われてしまうことになろう。指令は四つ[95][96][97]

の前提の下で直接的効力を有する。つまり、(1)構成国が［国内法への］変換義務を期限内に履行しなかったか、完全には履行しなかった場合で、(2)指令は内容的に無条件かつ十分明確であり、[98] (3)指令の適用はそれ以上の実施行為を必要とせず（それ故、自動執行力をもつ）、そして(4)指令がもっぱら構成国を共同体または市民に対して義務づけるか（例えば、共同体に対する報告義務を課すことによってであれ［いわゆる客観作用］、あるいは、市民に対する受益的措置を課すことによってであれ［いわゆる垂直作用］）である。[99] 構成国と同一視されるべきなのは、国家任務を遂行し、あるいは国家類似に行為する私人である（［15］注40）。指令が構成国と私人を義務づける場合、その他の上述の前提が存在するときは、構成国に対して直接適用される。学説においては、指令が構成国に利益を与え、市民に不利益を課す場合（いわゆる逆の垂直作用[100]）、指令が二重効を有する場合（それ故、ある市民には利益を与え、他の市民には不利益を課す場合[101]）、あるいは指令が市民相互の関係を規律する場合（いわゆる水平作用または第三者効力[102]）にも、指令の直接的効力がしばしば肯定されている。これらの見解は（原則として）否定されるべきである。なぜなら、これらの見解は、規則と指令の相違を曖昧にし、エストッペルの原理と法律の共同体法の留保に矛盾することになるからである。共同体法の留保の原理[103]は、個人に不利益を課すことができるのは、条約がそれを定めている限りで、共同体規範によってのみであることを意味する。しかし、EG条約二四九条によれば、個人に直接不利益を課す規律は、規則と決定に留保されているのである。確かに、ヨーロッパ裁判所の判例によれば、指令が（私人間での）水平作用をもちうるのは、指令から権利が引き出されるべきではなく、客観的な国内法の遵守が問題である場合（例えば、ある競争者が指令に違反する国内法の遵守を競業者に要求しようとする場合[104]）、または、国内法の義務の実現が述べられている場合（例えば、指令に反する国内の禁止規定を援用することによって条約の遂行を拒否すること[105]）である。[106]

［30］ 指令が構成国の法に関する準則を含む場合、構成国法は、いかなる場合でも（すなわち、ある指令が期限内に

〔国内法に〕変換されておらず、直接適用が問題にならない場合でも）、指令適合的に解釈されなければならない[107]。これは、指令の目標設定の拘束力からも、EG条約一〇条の協力義務からも明らかである。国内法が制定されたのが、指針が発効する前か後かは重要ではない。EG条約一〇条二項と二四九条三項からヨーロッパ裁判所が推論したところによれば、すでに指令の国内法への変換期限が経過する以前に、構成国は指令に規定された目標の達成を本気で疑問視する効果をもつすべての措置を行ってはならず、その結果、指令は国内法への変換期限が経過する以前にすでに先行的効力（Vorwirkung）を有しうる、ということである[108]。確かに、指令適合的解釈は、構成国法が複数の解釈を許容することが前提になっている[109]。構成国の裁判所の側での、国内法を指令に適合するよう解釈する義務を、ヨーロッパ裁判所は、「指令適合的解釈のために、国内法に変換されていない指令に定められている義務が個人に課せられる結果になる場合[110]」には、否定している。

31　指令の直接的効力と構成国法の指令適合的解釈を別にすれば、指令の〔国内法への〕無変換または不正確な変換の場合、構成国の責任が問題になる[111]。責任の前提は一般原則に従って決定される（〔22〕）。とくに必要なことは、十分重大（qualifiziert）な法違反である。国内立法者の不作為や遅すぎる活動の場合には常に、このような法違反があると想定されてよいであろう。指令が二重効をもつか、あるいは私人間の法関係を規律しているときは、構成国は、このような指令を期限内に〔国内法に〕変換せず、あるいは瑕疵ある変換をなしたことに対しても（まさにこれに対して）責任を負う。指令が直接的効力を有する場合、行政権による共同体法の不適用または共同体法に違反する国内法の適用は、共同体法の優位の故に（〔40〕）違法であり、この理由からしてすでに、しばしば国内法上の責任を生じさせるのである（被害者が第一次法の保護を受けることができなかった場合には）。

32　(3)　決定。（個別的かつ拘束的）決定（EG条約二四九条四項）は、何ら法規としての性格（一般的抽象的法規範の意味における）を有しないにもかかわらず、共同体法の法源の一つである。内容と作用の仕方の点で、決定は、ドイツ法における行政行為に広く対応している。[112] 決定によって共同体が行動するのは、とくにカルテル行政法、補助監督法および市場秩序法においてである。決定という形態において、例えば過料が科され、あるいは強制措置が講じられる。決定の概念の下で、次のようなすべての措置を理解すべきである。すなわち、共同体の機関が一方的（拘束的）規定により共同体の領域にある特定の個人に対してなす措置であって、かつ対外的な直接の法効果を生じさせる措置である。関税法の領域について、関税法典四条五項は法的定義を含んでいる。ＥＧ条約二四九条一項から明らかなように、決定は理事会と委員会によって発せられる。この権限を共同体の他の機関に委任することは（例外的な場合に）許される。[113] 規則とは異なって、決定は、発せられた時点で確定している（特定の、あるいは特定可能な）範囲の人々についてのみ講じることができるのである。[114] 一つの規定が同時に規則であり決定であることはできないのだから、不特定多数の人に向けられた規定は、それが特定の人に対して特別の効力を及ぼす場合にも、規則の性格を維持する。[115] ドイツにおける行政行為について通常考えられているのとは異なって、[116] 規制される事実関係の数は問題とならない。行政手続法三五条二文の意味における一般処分（Allgemeinverfügung）は、共同体法には存在しない。決定は、構成国または市民に対して発せられる。前者の場合には、決定は指令とほとんど異ならない。[117] 指令は構成国に対して一般的法規定の公布を義務づけるのが典型的なやり方であるのに対して、決定は通常、個々の法行為または事実行為をねらいとする。[118] 実務において決定が指令（または指令の付属文書）を変更するために使われることは、何の問題もない。その他の点においては、実質的観点に従うだけでは、ドイツ法におけるのと同様に、[119] これら二つの法行為を区別することはできないのである。[120] 一方では、行為形式が部分的に重なり合う。他方では、措置の法的性格と適法性が区別されなければならない。文面の中に表現された法律上の効果意思を客観的に評価した結果、共同体の機関が発付しようとしたのは決定であったと判明した場合には、たとえ規則が発付されなければならなかったとしても、問題となるのはそのような決定なのだから、その決定は適法ではないのである。[121]

［33］ 決定は、名宛人に対して法的効果を及ぼすだけでなく、決定が直接的かつ個人的にかかわるそれ以外の人々（例えば、隣人や競業者）に対しても法的効果を及ぼす。[122] 決定が構成国を市民に対し変換行為をするように義務づける場合には、指令の場合と同じ前提があれば、決定は直接的効力を生じる（変換義務の侵害、内容的に無条件でかつ十分明確な拘束、それ以上の実施行為が不必要であること、市民への利益付与）。[123] 市民に不利益な効果をもつ行為が構成国に課される場合、決定はそれに対立する国内法の全部または一部を排除することができる。[124]

［34］ 決定は構成国に対して確定力（Bestandkraft）を有するが、その決定を実施する際、予想外で予測不可能な困難が生じた場合には、委員会は、構成国のイニシアティヴに基づき、この困難を克服するために構成国に誠実に協力するよう義務づけられている。[125] 構成国が確定力を有する決定を実施しない場合、この構成国が条約違反手続において非難を免れることができるのは、決定の実行が絶対に不可能であった場合だけである。[126] このような証明が認められるのは、きわめて稀であるといってよいであろう。[127]

［35］ 市民が、構成国に向けられた決定を実施するためになされた国内の行政行為の取消を国内の裁判所に求めた場合、あるいは、市民が前提問題に関して自己に――その市民に――対して発せられた決定を根拠とする国内の行政行為を攻撃する場合には、市民が決定の違法性を援用することができるか否か、という問題が提起される。市民が決定によって直接的かつ個人的に不利益を被っている（betroffen）場合には、この市民は、ＥＧ条約二三〇条四項に基づき、第一審裁判所に訴えを提起することができる訴権を有する。この訴えは、決定の公表またはそれを知った時から二ヶ月以内に提起されなければならない（ＥＧ条約二三〇条五項）。市民が公表またはそれを知ったにもかかわらず

期間を徒過した場合、決定はこの市民に対しても確定力を有する[128]。この市民が、国内の行政庁によって開始された行政手続または裁判所の手続によってはじめて知った場合、この市民は、決定を第一審裁判所で攻撃し、国内の行政庁または国内の裁判所がその間手続を中止するよう求めなければならない[129]（[69] も参照）。

[36] 三　客観法と主観的権利。ヨーロッパ共同体に対する権利保護が求められ、そしてそもそも共同体法がヨーロッパ裁判所または第一審裁判所による権利保護を許容する限り（[70]）、個人は、発せられた規定または怠られた規定が直接的かつ個人的に自己に関係する場合、訴権を有する（EG条約二三〇条四項・二三二条三項）。それに対して、共同体法が国内裁判所で実現可能な請求権を個人に与えるのは、原則として、共同体法が個人に（主観的）権利を認めた場合だけ、すなわち共同体法の規定が直接適用可能であり[130]、個人の保護を目的としている場合だけである[131]。学説における反対説[132]が主張するところとは異なり、提訴可能性（invocabilité）という客観的共同体法の訴訟上の制度に基づく一般的な規範執行請求権は、共同体法には存在しない。単に事実上の被侵害性（Betroffenheit）や重大な被侵害性（qualifizierte Betroffenheit）でも十分ではない。果てしなく多くの被侵害性が作られてしまうからである。むしろ、共同体法がいつ国内裁判所での訴権を基礎づけるべきかを決定するのは、——条約法の外で——共同体の立法者の任務である。それ故、国内法においてと同じく共同体法においても、客観法と主観的権利が区別されなければならない。（主観的な、それ故、裁判所で実現可能な）権利を共同体法が与えるのは、少なくとも私人が規範によって保護される利益の担い手で(も)あるべき場合のみである。確かに、個人保護的な性格は、共同体法においてはドイツ法においてよりも傾向としてより早く受け入れられるべきである（そうすればドイツ法よりも拡張された保護規範理論について語ることができる）[133]。この原因として挙げられるのは、なかでも、共同体法は個人を個人それ自体のために保護するのではなく、共同体法を実効的に実現するための道具としていることである。それ故、共同体法においては、ドイツ法におけるの

とは異なって、予防規定も個人を保護するものとみなされている[134]。共同体法が主観的性格を示す場合には、純粋に国内法的な基準をあてはめた場合にはそのようなことは受け入れられないであろう場合にも、その共同体法は国内裁判所で実現可能な権利（例えば行政裁判所法四二条二項の意味における）であるとみなされなければならない[135]。

［**37**］ **四** 第一次法と第二次法の関係。第一次共同体法のランクは、第二次共同体法に優越する。それ故、第二次法は条約に適合するよう解釈されなければならない。第一次法に違反する第二次法に対して規範廃棄権[136]を有するのは、ヨーロッパ裁判所または第一審裁判所だけであって、理事会または委員会、ならびに、国内の裁判所[137]または国内の行政庁[138]は、そのような権限を有しない。第一次法違反の第二次法は、無効（ＥＧ条約二三〇条・二三一条[139]）、妥当しない（ＥＧ条約二三四条１項ｂ）、または適用不能（ＥＧ条約二四一条）と宣言されることができる。第一次法と第二次法の中間のランクに位置づけられるべきなのが、共同体と構成国の国際法上の協定（Abkommen）であり（共同体が権利・義務を受ける限り）、第二次法（および構成国法）はそれを基準に審査されなければならない[140]。しかし、世界貿易機関（ＷＴＯ）との協定（Übereinkommen）にはあてはまらない[141]。ＷＴＯ適合的解釈の可能性は手つかずのまま残っている[142]。

(28) *Ipsen* Europäisches Gemeinschaftsrecht, 1972, 5.
(29) 同様の見解として、*Bleckmann* NVwZ 1993, 824, 825；*Streinz* EuR, Rn 1.
(30) *Schweitzer/Hummer* EuR, Rn 7, 36 ff. を参照。
(31) この点については、*Frowein/Peukert* Europäische Menschenrechtskonvention, 2. Aufl 1996；*Ehlers* in：ders (Hrsg), Europäische Grundrechte, §§ 2 ff. を参照。
(32) 専門用語については、*Hölscheidt/Baldus* DVBl 1996, 1409 ff. も参照。
(33) もっとも、行政法上の原則は、部分的に、第二次法に分類される。*Beutler/Bieber/Pipkorn/Streil*（注(13)）215 を参照。さらに、*Streinz* EuR, Rn 354；*Bleckmann* NVwZ 1993, 824, 826.

(34)「国内市場」および「共同市場」の下に何が理解されるべきかの問題については、*Hilf* in：Grabitz/Hilf (Hrsg), EU, Art 18 Rn 3を参照。

(35) 例えば、委員会は、共同体の活動プログラムを、（SOKRATESプログラム内のERASMUS）学生の移動範囲で受け入れたり（この点については、EuGH Slg 1989, 1425 ff. を参照。現在ではEG条約一二六条を見よ）、とりわけ広告、青少年保護、反論権およびヨーロッパ製品の最低割り当てに関する規定を含んだ放送指令（RL 89/552/EWG, ABl L 298, 23, RL 97/36/EG, ABlL6, 43によって変更）を決定した（この点に関する批判は、*Scholz* NJW 1990, 941 ff.）。

(36) EuGH Slg 1963, 1, 25；1966, 257, 266；1974, 631, 652.

(37) 後者については、*Jarass* EuR 2000, 705, 708を参照。

(38) EuGH Slg 1984, 1229, 1248 f.；1997, I-3629, 3654 ff. を参照。

(39) 批判については、*Streinz/Leible* EuZW 2000, 459 ff.；*Ehlers* Jura 2001, 266, 274 ——これらによると、国家行為による基本的諸自由に対する制限に関する正当化根拠が検討されており、私人による違法な侵害からの保護は、競争法および第二次法に委ねられていなければならない。

(40) 後者については、とりわけ EuGH Slg 1995, I-4921, 5066；2000, I-4139, 4171 ff. を参照。

(41) 例えば、EuGH Slg 1982, 3723, 3735 f.；1994, I-2715, 2724；1995, I-301, 316；Jarass RIW 1993, 1, 2；*Wesser* Grenzen zulässiger Inländerdiskriminierung, 1995, 56 ff.；*Streinz* EuR, Rn 685を参照。反対説として、*Epiney* Umgekehrte Diskriminierungen, 1995, 200 ff.；*Lackhoff* Die Niederlassungsfreiheit des EGV – nur ein Gleichheits- oder auch ein Freiheitsrecht?, 2000, 55 ff., 67 ff.

(42) 内国人がヨーロッパ共同体内の外国人（EG-Ausländer）と同様の状況にある場合には、内国人と国家との関係においても、越境する実態がある（例えば、ヨーロッパ共同体の他の構成国（EG-Ausland）において職業資格認定を獲得した場合である）。もっとも、EuGH Slg 1974, 1299, 1309 f.；1979, 399, 410；1981, 1311, 1322；1988, 111, 126；1992, I-4265, 4294 f. 参照。

(43) ときおり、ＥＧ条約の規範は、国内の状況も規律している。例えば、ＥＧ条約一四一条を参照。この点については、EuGH Slg 1990, I-1889, 1944 ff.

(44) ドイツ人の基本権（とりわけ基本法一二条）も、内国人差別と矛盾してはならない。ただし、共同体内の外国人を除外するための規律目的がもはや達成されえない場合にはその限りではない。基本法三条一項の平等原則違反が除外されるのは、この規定が、単に各権力に対するその権限内での拘束を及ぼすにすぎないからである。論争の状況については、*König* AöR 118 (1993) 591, 599 ff.; *Epiney*（注(41)）343 ff. を参照。

(45) EuGH Slg 1987, 1227, 1272 を参照。

(46) 異なる見解として、*Borchardt* NJW 2000, 2057; *ders*（注(20)）Rn 687. 連合の市民については、[19] も参照。

(47) 限界については、*Ehlers* Jura 2001, 266, 270 を参照。

(48) *Behrens* EuR 1992, 145, 148 ff. を参照。

(49) 物の自由移動について基本となるものとして、EuGH Slg 1974, 837, 852（Dassonville 事件）。被用者の移転の自由については、EuGH Slg 1995, I-4921, 5068 ff.（Bosman 事件）; 2000, I-493, 523. 批判的なものとして、*Kingreen* Die Struktur der Grundfreiheiten des europäischen Gemeinschaftsrechts, 1999, 115 ff.

(50) EuGH Slg 1997, I-6959, 6998 f.

(51) EuGH Slg 1974, 837, 852.

(52) EuGH Slg 1991, I-4221, 4243; 2001, I-2189, 2221.

(53) 決定的なものとして、EuGH Slg 1979, 649, 662.

(54) EuGH Slg 1993, I-6097, 6131.

(55) 四九条については、EuGH Slg 1995, I-1141, 1177 f. を参照。

(56) EuGH Slg 2000, I-493, 523.

(57) ヨーロッパ裁判所による比例性審査は、国内法において申し立てられた要求に相当程度劣っている。多数のものに代えて、*Jarass* EuR 2000, 705, 719 f.; *Kischel* EuR 2000, 380, 381 ff. を参照。

(58) *Gundel* Jura 2001, 79 ff.; *Ehlers* Jura 2001, 482, 487 を参照。

(59) 特別の平等権については、とりわけEG条約一四一条を参照。

(60) 争いがある。*Epiney* in: Calliess/Ruffert EUV. EGV, Art 12 EGV Rn 37 ff. を参照。

(61) EuGH Slg 2001, I-6193, 6242 を参照。

(62) EuGH Slg 1991, I-1979, 2016（法形式と資金調達の種類から独立した、経済活動を行うすべての統一体）。

(63) EuGH EuZW 2002, 25 (Rn 20).

(64) この点についてさらに詳しいものとして、*Ehlers* Empfiehlt es sich, das Recht der öffentlichen Unternehmen im

Spanungsfeld von öffentlichem Auftrag und Wettbewerb national und gemeinschaftsrechtlich neu zu regeln?, 64. DJT, 2002, E 53 ff.

（65） EuGH Slg 1977, 595, 610 ; 1990, I-307, 355. BVerwGE 48, 211, 214 も見よ。

（66） EuGH Slg 1984, 3435, 3451 f. この点については、手続規則〔Verfahrens-VO〕(EG) Nr 994/98 と微細事件に関する規則〔Deminimis-VO〕(EG) 2001/96 を見よ。

（67） 基本となるものとして、EuGH Slg 1970, 1125, 1135（構成国家の憲法伝統）; Slg 1974, 491, 507.

（68） ヨーロッパ人権条約四九条一項一文。

（69） EuGH Slg 1996, I-1759, 1789.

（70） ABlEG 2001, Nr C 364/1.

（71） 基本権憲章についてさらに詳しいものとして、*v Bogdandy* JZ 2001, 157 ff. ; *Schwarze* EuZW 2001, 517 ff. ; *Calliess* in : Ehlers (Hrsg), Europäische Grundrechte, § 19.

（72） EuGH Slg 1987, 2289, 2338 f. ; 1989, 2859, 2924 ; 1989, 3165, 3186.

（73） 全体についてさらに詳しいものとして、*Ehlers* in : ders (Hrsg), Europäische Grundrechte, § 13 Rn 27 ff.

（74） 決定的なものとして、EGMR NJW 1999, 1173 ff. ; 3107 ff.

（75） *Schweitzer/Hummer* EuR, Rn 791 ff. における列挙を参照。さらに、*Zuleeg* VVDStRL 53 (1994) 154, 170 f. 原則は、部分的に、ドイツ法におけるよりも広範である。例えば、共同体法は、行政手続法二八条の意味における聴聞権を超えた弁護権を認めている（EuGH Slg 1982, 1575, 1611 ; 1989, 2859, 2923 f.）。

（76） 決定的なものとして、EuGH Slg 1986, 1651, 1682 ; 1987, 4097, 4117 ; *Knapp* DÖV 2001, 12, 19 f. 仮の権利保護の実現の必要性については、〔42〕を参照。

（77） 決定的なものとして、EuGH Slg 1996, I-1029, 1149. この点についてさらに詳しいものとして、*Beljin* Staatshaftung im Europarecht, 2000.

（78） EuGH Slg 1999, I-3099, 3140 を参照。異なる見解として、BGHZ 134, 30, 36.

（79） EuGH Slg 1999, I-3099, 3140.

（80） *Ress/Ukrow* EuZW 1990, 499, 500.

（81） *Rengeling* VVDStRL 53 (1994) 202, 217.

(82) *Bleckmann/Pieper* in: Dauses (Hrsg), Handbuch des EU-Wirtschaftsrechts, B I Rn 161 ff. (August 2000) を参照。

(83) 限定的な個別授権の原理は、最終的な権限割当てに関連づけられる（*Jarass* Grundfragen der innerstaatlichen Bedeutung des EG-Rechts, 1994, 11f を参照）。これは、とりわけ、ＥＧ条約九五条の授権にもあてはまる。この点についてより詳しいものとして、*Bleckmann* EuR, Rn 380 ff.

(84) 概念については、*Calliess* in: Calliess/Ruffert, EUV/EGV, Art 5 EGV Rn 18 ff.

(85) 個別については、多くの論争がある。本稿と同様なものとして、*Jarass*（注(83)）などの文献を参照。

(86) EuGH Slg 1997, I-2405, 2452 f.

(87) ＥＧ条約二五四条、二五三条、二三〇条を参照。

(88) *Oppermann* EuR, Rn 579 ff. を参照。

(89) *Oppermann* EuR, Rn 481; *Stettner* in: Dauses（注(82)）A IV Rn 3 Fn 12 を参照。この国際法上の概念について一般的には、*Heusel* „Weiches" Völkerrecht, 1991, 153 ff.; *Karl* JZ 1991, 593 ff.

(90) ＥＧ条約二四九条五項を参照。

(91) これに対して、狭すぎるものとして、*Schweitzer/Hummer* EuR, § 1 Rn 18 u § 4 Rn 412 は、拘束的でない行為形式をその概念から排除したいと考えている。*Ehlers* Die Europäisierung des Verwaltungsprozeßrechts, 1999, 20 を参照。

(92) BVerwG NVwZ 2000, 1039 f. を参照。

(93) 例えば、*Streinz* EuR, Rn 387 を参照。

(94) そのようなものとして、例えば、サマータイムの規律に関する指令 RL 89/47/EWG.

(95) 概念性については、*Jarass* NJW 1990, 2420 f. を参照。最初のものとして、EuGH Slg 1974, 1337, 1348 f. さらに、EuGH Slg 1986, 723, 748; 1987, 3969, 3985 f.; 1989, 1839, 1867 f.; EuGH 1994, I-483, 502 を参照。指令は、部分的に直接的な効力をも発揮しうる（*Jarass* 注(83) 72 f.）。国家が指令の名宛人であるとすると、公法上あるいは私法上の活動形式は重要ではない(EuGH Slg 1990, I-3313, 3348)。そのため、指令は、行政法においても（原則として、その他の私法においてはそうではないが）直接的な効力を発揮しうる。

(96) EuGH Slg 1979, 1629, 1642; 1982, 53, 70; 1986, 723, 749.

(97) ヨーロッパ裁判所は、EuGH Slg 1974, 1337, 1348; 1977, 113, 126 f.; 1978, 2327, 2338 f. において、実効性の原則〔effet urile-Grundsatz〕を考慮に入れている。

(98) そして、ＥＧ条約九五条一項に基づいた指令においても、構成国家が四項に基づいて異なる規律をしてもよいとすることは問題とはならない。EuGH Slg 1999, I-3143, 3168 f.

(99) 広く知られた見解に反して、指令が主観的権利を媒介することは必須ではない。EuGH Slg 1991, I-3757, 3788 f.; 1991, I-5403, 5408; 1995, I-2189, 2220 f.; *Ruffert* in: Calliess/Ruffert, EUV/EGV, Art 249 EGV Rn 90 を参照。

(100) これについて批判的なものとして、*Scherzberg* Jura 1993, 225, 227 f. 証拠が、ある指令に含まれる手続規定に違反したにもかかわらず、刑事手続において証拠として用いることが許されたことについて、EuGH Slg 1998, I-3711, 3733 ff. も参照。

(101) このような多極的な位置関係は、例えば、環境法において通例である。なぜならば設備設置者は負担を負わされ、周辺住民は優遇されるからである。直接的な効果を出発点としており、それ故問題とされるものとして、EuGH Slg 1995, I-2189, 2224 f. この点について、*Epiney* DVBl 1996, 409, 412 f. を参照。

(102) EuGH Slg 1994, I-3325, 3355 を参照。

(103) EuGH Slg 1994, I-3325, 3356; 1996, I-1281, 1303 を参照。この点についてさらに詳しいものとして、*Royla/Lackhoff* DVBl 1998, 1116 ff.

(104) EuGH Slg 1996, I-2201, 2244 f. を参照。

(105) EuGH Slg 2000, I-7535, 7583 ff.

(106) この点についてさらに詳しいものとして、*Gundel* EuZW 2001, 143 ff.; *Borchard*（注(20)）Rn 344.

(107) EuGH Slg 1984, 1891, 1909; 1921, 1942; 1987, 3969, 3986; 1994, I-1657, 1673. 積極的なものとして、OLG Brandenburg NVwZ 1999, 1142, 1144. 個別の場面については、*Jarass* EuR 1991, 211, 220 ff.; *Ress* DÖV 1994, 489 ff.; *Brechmann* Die richtlinienkonforme Auslegung, 1994; *Zuleeg* VVDStRL 53 (1994) 154, 165 ff. 批判的なものとして、*Di Fabio* NJW 1990 947 ff. は、しかし、国内法上の解釈ルールの枠内において、指令適合的な解釈がなされることは十分には考慮に入れていない。勧告（ＥＧ条約二四九条五項）も、事情によっては、国内法の解釈に際して、考慮されなければならない（EuGH Slg 1989, 4407, 4421）。委員会が、決定によって、一定の解釈を拘束的に定めうるかどうかの（否定されるべき）問題については、授権において、指令によって許されるとする *Scheel GewArch* 1999, 129, 132 ff.（この点については疑問がある。というのも、委員会は、一方で、直接的な執行に関する指令権を有し、他方で、規則の法的効果の限界を超えているだろうからである）。［59］も参照。

(108) EuGH Slg 1997, I-7411, 7449、連邦行政裁判所（DVBl 1998, 148, 149）は、それに対して、移行期間の経過前には指令適合

的な解釈を排除する。BVerwGE 107, 1, 22 f. において、裁判所は、いまや共同体法から、移行期間の経過前には、有効な移行を不可能にした既成事実を作り上げてはならないという構成国の義務を導いた。BGHZ 138, 55, 61 ff によると、指令適合的解釈は、次のような場合に、すでに期間通りの移行前に立法者によって許され、要請されている。すなわち、解釈によって適合性が得られる場合や（例えば、不公正競争防止法（ＵＷＧ）一条のような一般条項における場合）、立法者にはその限りで裁量は与えられない場合である。この点について批判的なものとして、*Ehricke* EuZW 1999, 553, 555 ff. *Leible/Sonsnitza* NJW 1998, 2507 ff.; *Weiß* DVBl 1998, 2208 ff. も参照。

(109) EuGH Slg 1984, 1891, 1909; 1984, 1921, 1942f.; 1988, 673, 690 を参照。指令適合的解釈は、その適用が独占的に国内の裁判所あるいは法適用者の権限に属する、国内の解釈ルールによっても制限される。

(110) EuGH Slg 1996, I-4705, 4706.

(111) 初めてのものとして、EuGH Slg 1991, I-5357, 5415 f.（フランコヴィッチ〔Francovich〕事件）。この全体について詳しくは、四七節［51］以下。

(112) この点についてさらに詳しいものとして、*Junker* Der Verwaltungsakt im deutschen und französischen Recht und die Entscheidung im Recht der Europäischen Gemeinschaften, 1990, 155 ff.; *Scherzberg* Verordnung – Richtlinien – Entscheidung, in: Siedentopf (Hrsg), Europäische Integration und nationalstaatliche Verwaltung, 1991, 16 ff.; *Bockey* Die Entscheidung der EG, 1998; *Röhl* ZaöRV 2000, 331 ff.; *Mager* EuR 2001, 661 ff.

(113) *Junker* (注(112)) 159 f.

(114) これは、決定が、それが向けられた者に対してのみ拘束力をもつということから生じる（ＥＧ条約二四九条四項）。しかし、類型的な指定で足りる（EuGH 1965, 547, 556; 1971, 411, 421 f.; 1978, 1019, 1030; 異なる見解として、*Scherzberg* 注(112) 16, 23 ff.）。場合によっては、一つの決定の中に個別の決定の束が隠れていることもありうる。EuG Slg 1997, II-1185, 1209 を見よ。

(115) ある規則が特定の人に対して個別に向けられている場合、この者はＥＧ条約二三〇条四項によって訴権を有する。いわゆる外見的規則〔Scheinverordnung〕の問題については、例えば、EuGH Slg 1994, I-1853, 1886 を参照。

(116) 一二節［42］以下を参照。異なる見解として、*Obermayer* VwVfG, 2. Aufl 1990, § 35 Rn 155. *Ehlers* DVBl 1987, 972, 975 f. も見よ。

(117) 決定の考え得る法制定的性格については、EuG NVwZ 1998, 601, 602 を参照。

(118) 批判的なものとして、*Scherzberg*（注(112)）16, 27 ff. 全体についてさらに詳しいものとして、*Mager* EuR 2001, 661, 672 f.

(119) 争いがある。*Henneke* in: Knack, VwVfG, § 35 Rn 24 を参照。異なる見解として、*Schenke* NVwZ 1990, 1009, 1018.

(120) しかし、おおよそ支配的見解は異なる見解である。EuGH Slg 1985, 257, 271; *Magiera* Jura 1989, 595, 598 を参照。

(121) ドイツ法における同様の事例の形式については、BFH NVwZ 1987, 1118, 1120: BVerwGE 78, 3 ff.; *Ehlers* JuS 1990, 777, 779 を参照。

(122) ＥＧ条約二三〇条四項と *Schwarze*, in: GS Martens, 1987, 819, 844 を参照。競争保護については、*Huber* EuR 1991, 31, 47 ff. を見よ。

(123) 決定的なものとして、EuGH Slg 1970, 825, 837 ff.（この決定は、まだ命令の直接的な効力に関する判例の前に下されたものである）。さらに、EuGH Slg 1987, 2345, 2359 f.

(124) この点についてさらに詳しいものとして、以下の［67］。

(125) EuGH Slg 1989, 175, 192.

(126) EuGH Slg 1986, 89, 194.

(127) このような事例の一つとして挙げられるべきは、確定力によって個別の関係国が決定を効果的に攻撃した場合である。

(128) EuGH Slg 1994, I-833, 855; 1997, I-585, 603; 1999, I-5363, 5413 ff. も参照。確定力の限界については、EuG Slg 1997, II-1185, 1210 ff. を見よ。補助金法における結論については、*Ehlers* GewArch 1999, 305, 309 を参照。

(129) しかし、EuGH Slg 1983, 2771, 2787 f. も参照。この点については、*Schwarze* Eur VwR II, 1019 f.

(130) このことが該当しない場合、国内法の問題は、共同体適合的に解釈されなければならない。

(131) 争いがある。一一節［43］以下と論証も参照。本稿と同様なものとして、EuGH Slg 1991, I-825, 826（「当該命令が個人の請求権を基礎づけるべきである限りで」）。二次的な権利保護（国家責任）としても、共同体法は、ヨーロッパ司法裁判所の判例によって、「侵害された共同体上の規定を意図する限りにおいて」、侵害された者に権利を保障することを命じている（EuGH Slg 1996, I-1029, 1149）。国内法のように、立法者の歴史的な意図にのみが重要なのではなく、規範包括的な構造（例えば、基本的自由との相互作用）も考慮されなければならない。全体についてさらに詳しいものとして、*Classen* VerwArch 88 (1997) 645 ff.; *Ehlers*（注(139)）47 ff.; *Ruffert* in: Calliess/Ruffert, EUV/EGV, Art 249 EGV Rn 60 ff.

(132) 一一節［45］、*v Danwitz* Verwaltungsrechtliches System und europäische Integratiron, 1996, 175 ff. を参照。

(133) *Ruffert* in: Calliess/Ruffert, EUV/EGV, Art 249 Rn 67 も参照。個別の共同体市民の権利は、その者の利益が、一方で、客

観的基準に照らして検討された条文の規律目的によって考慮され、他方で、実際上、そして、個別に検討され、その際、規範的な保護の意図および事実上の侵害の要件は、機能的な主観化の原則によって緩和される。

(134) EuGH Slg 1991, I-825, 867.

(135) 行政裁判所法四二条二項の意味における他の法律上の規定は、それに対して、基礎づけ審査の統制密度に影響するため、共同体法がもはやまったく個人を保護してないが、にもかかわらず訴権を保障しようとしている場合にはじめて認められうる（例えば、団体訴訟を認める場合である）。単に客観的共同体法に違反する場合でも、国内の基本権に対する侵害が存在し、共同体法違反ゆえの措置が違法である場合には、個人によって違法性が主張されうる。

(136) 共同体に違反する国内法の廃棄権に関しては、〔58〕を参照。

(137) 第二次共同体法の効力に相当の疑いがあり、申立人に対して重大でもはや回復することのできない損害が及び、共同体の利益が適切に考慮され、効力の問題がヨーロッパ司法裁判所に提示されている場合は、国内裁判所は、第二次共同体法の仮の不適用によって、仮の権利保護をすることができる。EuGH Slg 1991, I-415, 534, 542f.; Slg 1995, I-3781, 3791を参照。

(138) EuGH Slg 1987, 4199, 4230 f. 理事会と委員会は、国内の行政庁に主たる違法性を認める第二次法の効力を廃棄することができる。出発点として与えられた国内の権利保護については、〔43〕を参照。

(139) ある指令（RL 98/43/EG—タバコ広告禁止指令）の無効宣言については、EuGH Slg 2000, I-8419 ff. を参照。

(140) 確立した判例として、EuGH Slg 1972, 1219, 1227; 1974, 449, 460を参照。

(141) 決定的なものとしてEuGH Slg 1999, I-8395, 8439では、このような合意は、その性質と構造ゆえに、原則として、それに基づいて裁判所が共同体の機関による行為の法適合性を欠くとする規定ではない。議論の状況については、多数あるが、*Royla* EuR 2001, 495 ff.; *Schloemann* in: Ehlers/Wolffgang/Pünder (Hrsg), Rechtsfragen des internationalen Schutzes geistigen Eigentums, 2002, 189 ff. を参照。

(142) EuGH Slg 1996, I-3989, 4020 f.; 1998, I-3603, 3647 ff. を参照。

第三章　共同体法の制定への構成国の関与

〔38〕 構成国は、理事会におけるその代表を通じてヨーロッパ法の制定に参加する。理事会におけるドイツの代表者の協力は、ドイツの国家権力の行使である(143)。国家法の観点からすると、ドイツの理事会代表者は、影響力を行使することができる範囲で、理事会が基本法二三条一項の要請を満たす議決を行うよう努力する義務を負う(144)。しかし、基本法のすべての規定への厳格な拘束がここから生じるわけではない。それに加えて、理事会におけるドイツの代表は、ドイツの国家権力の代表であるだけではなく、同時にヨーロッパの機関の機関担当者（Organwalter）なのである(145)。このことは、特別な程度で、EG条約一〇条一項によって命じられた建設的な協力と、共同体の利益への配慮とを理事会のドイツ代表に義務づけるのである(146)。それ故、共同体の目的実現のためにぜひとも必要であり、「憲法の実体」に抵触しない限りにおいて、理事会におけるドイツの代表者は、内容的には基本法に違反する第二次法の発付に同意することができるのである(147)。

〔39〕 ヨーロッパ連合の立法へラントが参加することを確保するために、基本法二三条二～五項は、ヨーロッパ連合の事項に対する連邦と諸ラントの共同作業に関する法律(148)と結びついて、連邦議会と並んで連邦参議院も連邦の意思形成に参加すべきことを定めている。その重要な点が、ラントの立法権限、ラントの行政庁の制度またはラントの行政手続にかかわる場合、連邦の意思を形成する際に、連邦参議院の見解が決定的なものとして考慮されなければならない（基本法二三条五項二文(149)）。連邦政府の見解と連邦参議院の意見が一致しない場合、相互了解を得るよう努力しな

ければならない。この相互了解が実現せず、連邦参議院がその評決数の三分の二によって行った議決によりその見解を確認した場合、連邦参議院の見解が基準となる。[150] その重要な点がラントの排他的立法権限にかかわる場合、ドイツ連邦共和国がヨーロッパ連合の構成国として与えられている権利の遂行は、連邦から、連邦参議院において指名されたラントの代表者に委ねられることになる（基本法二三条六項一文）。「外交問題に混合行政を」導入するこれらの規定[151]は、多数の疑問を提起する。[152] 例えば、連邦議会と連邦参議院の比重が正しく配分されているかどうか、争いがある。[153] さらに、連邦の機関（連邦参議院）がラントの受託者となり、それによってラント議会が排除されることは疑問の余地がないわけではない。[154] 立法権限の重要な点にかかわる場合に連邦参議院が最終的決定権をもつことは、閣僚理事会[155]において妥協を見いだすことを困難にし、ＥＧ条約一〇条に違反することすらありうる。なぜなら、共同体の機関が国内的な拘束によって行為無能力になることは許されないからである。[156] さらに、ラントの代表者が閣僚理事会で連邦を代表することは、どのように連邦の全国家的責任（基本法二三条六項二文後半）が実現されうるのかという問題を提起することになる。

(143) *Friauf* in: Friauf/Scholz, Europarecht und Grundgesetz, 1990, 42; *Streinz* Bundesverfassungsgerichtliche Kontrolle über die deutsche Mitwirkung am Entscheidungsprozeß im Rat der Europäischen Gemeinschaften, 1990, 23f.; *Huber* Recht der europäischen Integration, 1996, 206. 異なる見解として、*Nicolaysen* Europarecht I, 1991, 82; *Heintzen* Staat 31 (1992) 367, 383.

(144) ドイツの代表者が、基本法二三条一項一文によるヨーロッパ法上の法制定に協力する際に、基本法に原則として拘束されることが制限されるべきかについては争いがある。否定するものとして、*Schilling* DVBl 1997, 458, 463. 基本権への拘束については、*Hailbronner* VVDStRL 56 (1997) 121, 122.

(145) *Hilf* Die Organisationsstruktur der Europäischen Gemeinschaften 1982, 14 Fn 3; *v Danwitz* (注(132)) 103を参照。批判的な

ものとして、*Heintzen* Staat 31 (1992) 367, 383 ff. を参照。

(146) *Ehlers* in : Erichsen (Hrsg), Steuerung kommunaler Aufgabenerfüllung durch das Gemeinschaftsrecht, 1999, 21 ff. を参照。

(147) *Tomuschat* EuR 1990, 340, 347 ; *Streinz*（注（143））30 ff. を参照。異なる見解として、*Herdegen* EuGRZ 1989, 309, 313 ; *Friauf* Fn 143) 89, 92 ; *Scholz* NJW 1990, 941, 945 を参照。（予定された）指令がテーマとなり、ラントの権限が国内上問題となる場合に、基本法が議会と連邦政府の行動を求めることと、ラントとの協働については、BVerfGE 92, 203, とりわけ 236 も参照。

(148) BGBl I 1993, 311 u 313.

(149) BVerfGE 92, 203 ff. も見よ。

(150) ヨーロッパ連合の事項に対する連邦とラントの共同作業に関する法律五条二項三文から五文。

(151) *Herdegen* EuGRZ 1992, 589 ff.

(152) そのため、これらの規定は総じて批判的に評価されている。これに対して、積極的なものとして、*Scholz* NVwZ 1993, 817, 820 f.

(153) *Di Fabio* Staat 32 (1993) 191, 209 f.　異なる見解として、*Hilf* VVDStRL 53 (1994) 7, 19.

(154) 批判的なものとして、*Pernice* DVBl 1993, 909, 910 ; *Schweitzer* VVDStRL 53 (1994) 48, 60 ff. も。

(155) *Oppermann/Classen* NJW 1993, 5, 12.　連邦共和国の行為能力の侵害については、*Simson/Schwarze*（注（6））39 ; T. Stein VVDStRL 53 (1994) 26, 36 も参照。

(156) *Pernice* DVBl 1993, 909, 918 f. ; *Everling* DVBl 1993, 936, 943 u 945.　ＥＧ条約一〇条から導かれる共同体忠誠の原理は、構成国における連邦制秩序への配慮の要請に反しないか、という反対からの考察について、*T. Stein* VVDStRL 53 (1994) 26, 37 を参照。

第四章　共同体法と国内法の関係

第一節　上下関係

〔40〕ヨーロッパ共同体法は、国内の法領域において直接的効力をもち、さらにしばしば直接（それ以上の措置なしに）――私人に対する効力をもって――適用されうるのだから、共同体法と国家法の上下関係如何という問題が提起されることになる。結論において今日広く一致が存在するのは、いずれにせよ原則として第一次および第二次共同体法は構成国の法に優先するということである。確かに、このような結論に至る理由づけはきわめてさまざまである。ヨーロッパ裁判所は、共同体法の効力と、したがってまた共同体法の優位を、共同体条約それ自体から引き出した。なぜなら、共同体条約は、通常の国際法上の条約とは異なって、ある独自の（自立的な）法秩序を創り出したからだ(157)、というのである。これに対して、連邦憲法裁判所は、ＥＧ条約に対する同意法律の国内的法適用命令を根拠としている(158)。「国家の主権という鎧(159)」を打ち破り、超国家的なヨーロッパ法に国内法に対する優位を認めるドイツの立法者の権限は、以前は基本法二四条一項から取り出された。今日では、基本法二三条の新しい構文が該当する規範である。国内法が遅れて制定された場合であっても、その優位は効力をもつ(160)。

〔41〕争いがあるのは、共同体法の優位を（規範ヒエラルキー上の）効力の優位として捉えるべきか、それとも適用の優位として捉えるべきか、という点である。前者であるとすると、共同体法違反の国内法は無効とみなされ(161)、後者

であるとすれば、単なる不適用とみなされる。基本法三一条に対応する抵触規定を共同体法から取り出すことはできないのであるから、全くの通説とともに、単なる適用の優位から出発すべきである[162]。このことが意味するのは、共同体法違反の国内法は有効であり続け、共同体法自体が直接適用を要求する限りにおいてのみ適用できないということである[163]。

[42] 上下関係の問題が提起されるのは、共同体法の規範と国内法の規範が、同一の問題を矛盾するやり方で規律する場合（直接的抵触）だけである。国内法によれば達成不可能であるか、あるいは達成できるとは保証できない特定の帰結を共同体法が要求する場合（間接的抵触）には、法状態が異なる[164]。例えば、共同体法の執行の際に仮の権利保護の可能性が認められなければならない[165]。もしも国内法にこのような権利保護が存在しないとすれば、共同体法から直接にこのような権利保護を利用する必要性が生じることになろう[166]。

[43] ＥＧ法の優位は、ヨーロッパ裁判所の見解によれば無制限に妥当するのに対して[167]、連邦憲法裁判所は二重の観点で留保を付した。いわゆるSolange決定によれば、基本法は連邦共和国の現行の憲法秩序の同一性をその基本構造への侵入によって廃棄することまで授権しているわけではない[168]。今日では、ヨーロッパ共同体またはヨーロッパ連合への主権（Hoheitsrechte）の移譲に限界があることは、基本法二三条一項一文および三文から明らかである。それによれば、連邦共和国は統一されたヨーロッパを実現するためにヨーロッパ連合の発展に協力するが、そのヨーロッパ連合は、民主的・法治国家的・社会的かつ連邦的な諸原則と、補完性の原則に義務づけられており、本質的な点で基本法に匹敵する基本権保護を保障するものでなければならない。ヨーロッパ連合の創設について、ならびに、その条約上の根拠およびそれに匹敵する規律であって、それにより基本法がその内容において変更または補充され、またはこのような変更または補充が可能となるものの変更については、基本法七九条二項および三項が適用される。これ

らの準則が無視されるならば、共同体法は、連邦憲法裁判所の見解によれば、ドイツの主権領域において拘束力を有しない（移譲不可能性の限界）。連邦憲法裁判所が、その基本的なマーストリヒト判決において（もう一度）述べたように、共同体法が基本法の不可欠な水準を保っているか否かを審査する権限を自分自身について要求している[169]。それに加えて、連邦憲法裁判所の見解によれば、第二の限界が存在する。なぜなら、共同体法上の法行為は、国内の同意法律によって共同体に権限が移譲されていた場合にのみ、拘束力を発揮することができるからである（移譲されていないことの限界）。したがって、連邦憲法裁判所は、共同体がその権限を逸脱したか否かを拘束力をもって決定すべきなのである[170]。

[44] このような事例で訴訟的にとくに重要なのは、憲法異議と、基本法一〇〇条一項による裁判官の移送である。共同体法の効力について決定することは、ドイツの裁判権の枠内には存在しないのだから[171]、憲法上の権利救済は、共同体法が国内法の領域で適用可能であるか否か、あるいはドイツの［国内法への］転換行為と執行行為にのみ関連することができる。連邦憲法裁判所がマーストリヒト判決で強調したように、同裁判所は、（派生的）共同体法がドイツにおいて適用可能かどうかの裁判権を、ヨーロッパ裁判所との「協調関係」において行使する[172]。このことは、連邦憲法裁判所は、（第二次）共同体法が適用不可能であるとみなす前に、EG条約二三四条による先決的判決の方法で、ヨーロッパ裁判所の判断を求める（ヨーロッパ裁判所の判決がまだ存在しない場合）ことを意味するといえるだろう。この点では、連邦憲法裁判所はやはり共同体法に義務づけられるのである。

[45] 連邦憲法裁判所のSolange決定から明らかな共同体法上の「統合権力」の限界は、きわめて高く設定されている（angesetzt）ので、共同体法をドイツで適用できないのは、極端な例外的事例においてのみ考慮に入れられるべきである。それ故、連邦憲法裁判所は、ヨーロッパ共同体の主権領域において、その概念・内容および効力に従えば

基本法の水準に本質的な点で匹敵するとみなしうる程度まで基本権保護が成長したことを認めた。したがって、連邦憲法裁判所がその裁判権の枠内で再び活動するのは、必要不可欠な基本権保護が共同体法において「一般的に」もはや保障されない場合にはじめて、そしてその場合だけなのである。[173] 基本法二三条一項一文および三文のその他の準則では、純然たる原則が取り扱われている。これらの原則がその核心において無視された場合にのみ、共同体法は後退する。[174] 例えば、共同体の民主的・法治国家的・社会的および連邦的秩序が、連邦共和国のこのような秩序と正確に一致することを要求することはできない。[175] それ故、ラントと自治体が共同体の権限行使によって被るかもしれない損失は、基本法二三条一項一文および三文または七九条三項で述べられているような、連邦共和国の現行憲法秩序の同一性に遡るというやり方では、まず阻止することはできない。[176] つまり、基本法二三条一項一文も、七九条三項も、連邦国家的秩序そのものを保護しているにすぎず、しかしながら、現時点でラントが有するすべての権限に対する存続保障を含むものではないのである。いずれにせよ、基本法二八条二項を上述の諸規定の内容に含めることはできない。[177] ヨーロッパ議会を同時に強化することなしに、特記すべきほどに広範な権限を共同体ないしはヨーロッパ連合に移譲する場合には、もちろん連邦憲法裁判所は民主制原理の侵害を否定することはしない。[178] さらに連邦憲法裁判所は、ヨーロッパ共同体が権限を逸脱して（ultra vires）行動したか否かを最終的な拘束力をもって審査する権限を要求することをやめていない。

第二節　国家に残された裁量の余地

［46］　共同体に専属的な立法権限がある場合には、国家の法律を制定することは許されない（共同体が構成国に法制

定を授権している場合は別である)。それにもかかわらず制定された法律は、ここで主張されている見解に従えば、適用不可能であるばかりではなく、無効である。なぜなら、構成国には立法の権限が欠けているからである。[179] このような場合には、上下関係の問題は生じない。確かに、共同体の権限が専属的な性格を有するのは、稀な場合だけである。[180] 原則として、共同体は競合的立法権を有するにすぎない。[181] その場合、共同体が直接妥当する法を制定することによってこの管轄権を終局的に利用したか否かが重要である。[182] これが行われた場合には、権限の停止が生じる。例えば、EG規則の規定と同一内容を拘束力ある国内法としてもう一度制定することは、国内の立法機関に対して禁止されている。それにもかかわらず、国内の立法機関がそれを行った場合、国内規定は、適用不可能であるばかりでなく、無効である。これに対して、宣言的規定、すなわち、それ自体は規律的性格を有せず、EG法を指示するだけの規範は、許容することができる。いずれにせよ、共同体法と国内法がともに作用し、国内法の規定における共同体法の「反復」がよりよい理解に資する場合には、このことは是認されなければならない。それ故、とくに対外経済法においてEG規則がしばしば同文のドイツの法行為の対象とされているが、これはヨーロッパ対外経済法の透明性を向上させ、ドイツの補充規定との協力を明らかにするためなのである。[183] それ故、EG規則の「反復」は、無効なのではなく、宣言としての意義を有するのである。[184] 宣言的規定であるとしても、国内の法行為がその基礎にある共同体規定の共同体的性格を覆い隠し、共同体法の統一的な適用を危うくすることは許されない。

(157) 基本となるものとして、EuGH Slg 1964, 1251, 1270 f.(Costa/ENEL事件);さらに、例えば、Slg 1969,1, 14;1991, I-6079, 6102を参照。要約しているものとして、*Everling* DVBl 1985, 1201 ff.;*Zuleeg* VVDStRL 53 (1994) 154, 159 ff. 衝突問題についてのヨーロッパ法における解決は、すべての構成国におけるヨーロッパ共同体法の優位を確実なものにする。

(158) BVerfGE 52, 187, 199;73, 339, 375, 379;75, 223, 240 f.

(159) *Bleckmann* EuR, Rn 676, 1070 ff. を参照。

(160) EuGH Slg 1964, 1251, 1271 ; 1978, 629, 644 f.

(161) 共同体法は純粋な国内の事情を多くは考慮に入れていないので、しばしば部分的無効からのみ出発点とされなければならないであろう。

(162) EuGH Slg 1991, I-297, 321 ; BVerfGE 75, 223, 244 ; 85, 191, 204 ; BVerwGE 87, 154, 158 ff ; *Schmitd-Aßmann* DVBl 1993, 924, 930 f. ; *Streinz* EuR, Rn 200. ただし、［46］も参照。

(163) 国内の諸規範が共同体法に衝突する限りで、構成国はそれらを改正する義務を負っている（EuGH Slg 1974, 359, 372 f. ; *Beljin* EuR 2002, 351, 363 ff. も参照）。

(164) 用語法に関しては、*Rengeling/Middeke/Gellermann* Rechtsschutz in der Europäischen Union, 1994, Rn 954 f. ; *v Fragstein* Die Einwirkungen des EG-Rechts auf den vorläufigen Rechtsschutz nach deutschem Verwaltungsrecht, 1997, 29 を参照。

(165) EuGH Slg 1991, I-415, 540 f. ; 1995, I-3761, 3788 f. を参照。

(166) EuGH Slg 1990, I-2433, 2474.

(167) これは、異なった内容をもつ構成国の憲法に対しても妥当する。EuGH Slg 1970, 1125, 1135 ; Slg 1990, I-2433, 2473 も参照。

(168) BVerfGE 37, 271, 279（Solange I 決定）; 73, 339, 375 f. (Solange II 決定)。他の構成国家の憲法状況については、*Streinz* Bundesverfassungsgerichtlicher Grundrechtsschutz und Europäisches Gemeinschaftsrecht, 1989, 133 ff. を参照。

(169) BVerfGE 89, 155, 174 f. この基本となる決定についてより詳しいものとして、例えば、*Bleckmann/Pieper* RIW 1993, 969, 970 ff. ; *Götz* JZ 1993, 1081, 1082 ff. ; *Tomuschat* EuGRZ 1993, 489, 490 f. ; *Schwarze*, NJ 1994, 1, 3 ff. ; *Schröder* DVBl 1994, 316, 322 f. ; *Streinz* EuZW 1994, 329, 331. BVerfGE 58,1 30 ; 73, 339, 387 ; 75, 223, 235 も参照。

(170) BVerfGE 89, 155, 187, 209 f. ; *Kirchhof* Deutsches Verfassungsrecht und Europäisches Gemeinschaftsrecht, in : Kirchhof/Ehlermann (Hrsg), Deutsches Verfassungsrecht und Europäisches Gemeinschaftsrecht, Europarecht-Beiheft 1/1991, 11 ff. ; *v Danwitz*（注(132)）458 ff. ; *Huber*（注(143)）193 ; *Hirsch* NJW 1996, 2457, 2460 ff. を参照。

(171) BVerfGE 22, 293, 295 も参照。問題のあるものとして、BVerfGE 89, 155, 175。ここでは、連邦憲法裁判所は、ドイツの国家機関に対してのみ、基本権保護を実現しなければならないわけではないとする。全体については、*Ehlers*（注(139)）21 ff. を見よ。

（172） BVerfGE 89, 155, 175, 178.

（173） BVerfGE 102, 147, 161 ff. 憲法裁判官 *Steiner* は、連邦憲法裁判所には、試合への真剣な出場も考えないままの「補欠〔Reservisten〕」の役割がちょうどであると論じている（FS Maurer, 2001, 105, 113 m Fn 43）。とりわけ、この判例は、多くの点についてまだ問題が残されている。この点についてより詳しいものとして、*Nettesheim* Jura 2001, 686 ff.

（174） 核心領域が絶対的にあるいはヨーロッパ共同体法上および基本法上の要件によって画定されうるかの問題について、*Jarass* in：Jarass/Neumann, Leistungen und Grenzen des EG-Umweltschutzes, 1994, 104 ff. を参照。

（175） *Everling* DVBl 1993, 936, 945 も参照。

（176） 批判的なものとして、*Hain* DVBl 2002, 148 ff.

（177） *Ehlers* in：Erichsen (Hrsg), Kommunale Verwaltung im Wandel, 1999, 21, 23 f.；*Schoch* in：Henneke (Hrsg), Kommunen und Europa – Herausforderungen und Chancen, 1999, 11, 20 ff. を参照。

（178） BVerfGE 89, 155, 182 ff.

（179） 通常、ここで論じている問題について検討されることはなく、むしろ共同体法の適用の優位（〔41〕）が強調されるだけである。

（180） *Calliess* in：Calliess/Ruffert, EUV/EGV, Art 5 EGV Rn 18 ff. における概観を参照。

（181） このことは、とりわけ、ヨーロッパ共同体法九五条による権利調整に関してもあてはまる。*Jarass* Die Kompetenzen der Europäischen Gemeinschaft und die Folgen für die Mitgliedstaaten, 1997, 35 も参照。競合権限を行使することによって、この権利調整が、専属的権限になることはない（*Calliess* EuZW 1995, 693, 697 ff.；おそらく異なる見解として、EuGH Slg 1993, I-1064, 1077）。それ故、ヨーロッパ共同体法五条二項は適用可能のままである。

（182） ここでも、共同体法は通常純粋な国内問題を考慮に入れないから、例外事例を問題とすることができよう。

（183） 例えば、対外経済規則（AWV）六九a条一項二号を参照。

（184） EuGH Slg 1973, 981, 982；1977, 137, 149；1985, 1057, 1074；BGHZ 125, 27, 30（イラクへの輸入禁止）も、ほぼ同様である。そのような規則は許されていないものとして、*Nicolaysen* Europarecht I, 1991, 30；*Lux* ZfZ 1990, 194, 205 f.；*Streinz* in：Isensee/Kirchhof VII, § 182 Rn 18；*Bryde* in：Achterberg/Püttner/Würtenberger Bes VwR I, § 5 Rn 15.

第五章　共同体法の変形

［47］［国内法への］変換を必要とする共同体法は、構成国において直接的効力を有しないのだから、その共同体法は、まず第一に、国家法に変形されなければならない。ドイツにおいて立法権限の基準となるのが、基本法七〇条以下である。[185] この規範が直接適用されるのか類推適用されるのかはまだ決められない。この規範を連邦に有利になるようにヨーロッパ友好的に解釈することは許されない。[186] それ故、連邦の活動が必要なのは、専属的、競合的、大綱的または原則的立法の対象が問題となる場合である。その他の場合には、立法権はラントにある。ラントは、連邦に対し、連邦忠誠の原則[187]に従って共同体法を作用させ、正確に変換する義務を負う。変換の形式（議会法律、命令または条例）について、ドイツ法の一般的ルール、とりわけ法律の留保の原理が妥当する。基本法八〇条一項二文の明確性の命令については、ドイツ法におけるよりも少ない要請にとどめるべきである。なぜなら、議会は、共同体法によっていずれにせよ広範に拘束されており、その結果、法制定を行政権に委任することに対して、その他の場合のような疑念は生じないからである。[188] ＥＧ指令の国内法への変換は、その規定が明文の特別法の規定の中にまさに言葉どおりに再現されていることを必然的に要求するものではない。[189] けれども、簡易な行政手法[190]または行政規則[191]によるＥＧ規則の変換は、共同体法を満足させるものではない。なぜなら、それによっては正確な遵守を確保することはできず、また、法に服従する者がその権利と義務について十分明確な情報を与えられていないことになるからである。［国内法への］転換について明確な情報を与える構成国の義務が強まるのは、指令が他の構成国の国民に権利を付与する目的をもつ

場合である。[192] 国内法におけるよりも大まかなやり方で、共同体法への動的な参照指示も許容されうる。[193] 転換行為の際に共同体法上の根拠を挙げることが、法的に要求されているかどうかは疑わしいが、少なくとも望ましいとはいえるだろう。それによって、関係する国内裁判所が、共同体法が関連しているか否か、そして場合によってはEG条約二三四条による移送が命じられているか否かをよりよく認識できるのである。

[48] 指令または決定がドイツの法規定に変換された場合、この変換行為がなお基本法に基づく審査とコントロールに服するか、という問題が提起される。その際、問題が区別されるべきである。変換された規定が解釈の余地を有する（auslegungsfähig）場合には、その規定は指令または決定に適合するように解釈されなければならない（[30]）。共同体適合的な解釈と憲法適合的な解釈が矛盾する場合には、共同体法の優位の故に、前者が実行される。[194] 共同体法を遵守するにあたって複数の解釈可能性が問題となり、ある解釈は基本法と一致し、ある解釈は矛盾する場合、憲法に適合する解釈が選択されなければならない。解釈の余地が存在せず、また、変換された規定が確かに指令または決定に適合しているが違憲であるという場合には、変換された規定は（憲法秩序の同一性が確保される場合）それにもかかわらず有効かつ適用可能のままである。[195] 同一の法的効果が生じるのは、解釈の余地がないが、憲法適合的な規定が指令または決定に違反しており、しかしこの共同体の法行為が直接的効力を有しない場合である。[196]

（185） *Kössinger* Die Durchführung des europäischen Gemeinschaftsrechts im Bundesstaat, 1989, 40 ff.; *Streinz* in: Isensee/Kirchhof VII, § 182 Rn 53; *Rozek* in: v Mangoldt/Klein/Starck II, 4. Aufl 2000, Art 70 Rn 9.
（186） *Gramm* DÖV 1999, 540, 545 f.
（187） Stern, StR I, § 19 III 4.
（188） 同様の結論として、例えば、*Baur* in: Dreier (Hrsg), Kommentar zum GG, Bd II, 1998, Art 80 Rn 31. 異なる見解として、

Weihrauch NVwZ 2001, 265 ff. 諸事例については、連邦インミッション法（BImSchG）四八a条、水管理法（WHG）六a条、連邦自然保護法（BNatSchG）二六a条、循環経済・廃棄物法（KrW-/AbfG）五七条を参照。

(189) EuGH Slg, 1997, I-1653, 1679.

(190) ただし、EuGH Slg 1982, 1791, 1804 f. 参照。これによって、指令適合的な解釈が、規範的な命令の変換の代わりとなることは通常許されないとするものとして、*Schroder* in : Hohloch (Hrsg), Richtlinien der EU und ihre Umsetzung in Deutschland und Frankreich, 2001, 113, 125 f. を参照。

(191) EuGH Slg 1991, I-2567, 2602 ; 1991, I-2607, 2632 ; 1991, I-4983, 5023. 例えば、（正当にも）肯定的なものとして、*Koch* DVBl 1992, 124 ff. ; *Everling* NVwZ 1993, 209, 214. おおよそ批判的なものとして、*Di Fabio* DVBl 1992, 1338 ff. ; *Reinhardt* DÖV 1992, 102, 108. *v Danwitz* VerwArch 84 (1993) 73 ff. も参照。

(192) EuGH Slg 1995, I-499, 507 f.

(193) EuGH Slg 1997, I-1653, 1678 ff. ; OVG NW DVBl 1997, 670, 672（動的な審査の事例）; *Klindt* DVBl 1998, 373 ff. も参照。問題となる参照方法について、（電気通信法（TKG）一三条の例）*Hoffmann-Riem* DVBl 1999, 125, 130 f. を参照。

(194) 異なる見解として、*Di Fabio* NJW 1990, 947, 952.

(195) BVerfGE 80, 74 ff. も参照。

(196) （規則の絶対的な優位に関して）異なる見解として、*Salzwedel* UPR 1989, 41, 42. *Scheuning* DÖV 1975, 145, 149 も参照。

第六章　共同体法の行政的執行

［**49**］ 共同体法は、共同体自体の機関または構成国によって執行される[197]。執行の際には、ヨーロッパ行政法——すなわち、EG固有の行政法、ならびに、すべての構成国に拘束力を有する共同体行政法[198]——と、構成国の行政法が、相互に作用し合う。これは、進展しつつある不可逆的な過程にあり[199]、行政法学の側での概念的な随伴と調整を強く必

要とする。

第一節　共同体独自の執行

〔50〕共同体法の共同体独自のまたは直接的な執行は、内部的または外部的事項と関連することがありうる。[200] 前者の例としては、例えば、人的・物的行政（Personal- und Materialverwaltung）任務、および財政手段の準則とコントロールが問題になる場合である。[201] 後者は、共同体固有の政治領域の行政、したがってまた部外者（Außenstehenden）との法関係の形成にあてはまる。例えば、共同体の機関の競争法の領域に対する措置（EG条約八一条以下）[202]、補助［禁止］法（EG条約八七・八八条）、対外的経済法（EG条約一三三条）[203]、職業訓練法（EG条約一五〇条）、および構造基金行政法（EG条約一五九条以下）、および技術開発（EG条約一六三条）の領域に対する共同体の機関の措置を挙げることができる。共同体は毎年違法な行為によって何億ユーロも失っているのだから、違法行為の撲滅（Betrugsbekämpfug）のための委員会（OLAF）という広範な権限を有する独立の委員会が創設された。[204] 市場秩序法においては、EGを犠牲にするルール違反を認めたか疑われた市場関係人はすべて、「ブラック・リスト」に載せられ、それによってしばらくの間優遇措置から排除されるのである。[205] EG条約二五五条によれば、すべての連合市民、および、構成国に住所または居所を有するすべての自然人または法人は、文書を閲覧する権利を有する。詳細は、二〇〇一年五月三〇日のVO（EG）Nr 1049/ 2001で規定されている。

〔51〕共同体独自の内部的執行は、それぞれの権限を有する機関を通じて、外部的執行は、通常は委員会を通じて行われるが、[206]「補助機関[207]」が用いられる場合もある（例えば、統計的な職務または公式発表のための職務）。EG条約が独

自の法人格を認めたのは、ヨーロッパ中央銀行（ＥＧ条約一〇七条二項）とヨーロッパ投資銀行（ＥＧ条約二六六条）である。これらと並んで、共同体は、通常はＥＧ条約三〇八条を根拠とした規則に基づいて、独立の法人を行政主体として創設した[208]。条約法の中に明確な規定があることが望ましいだろう。重大な政治的権限を独立の法人に委任することは、条約の改正がなければ許されない。さらに、独立の法人には、委員会または理事会による制御とコントロールが必要である。裁判所による権利保護が排除されることは決してありえない[209]。

[**52**] 共同体の行動は、第一次法によっても、第二次法によっても制御される。そこには散発的に国境を越えた規律がある[210]。しかし、行政手続にはしばしば明文の規定が存在しないため、行政法の法の一般原則（[21][22]）を援用しなければならない。法の一般原則は、行政手続法のいわば総論部分を形作っている。それらは、成文の規律を補充し、その第一次法への帰属の故に、同時に第二次法の規定のための基準を成すのである（[23]）。

[**53**] 共同体行政の行為形式としては、主として、決定（ＥＧ条約二四九条四項）、契約および事実行為が重要である[211]。例えば、（例えばＥＧ条約二八四条による）情報収集と検討は、正式の情報提供要請または検討の受忍命令が決定の性格をもつ場合には、事実行為である。共同体の行政契約は、とくに問題が多い。共同体の秩序は、整備された契約法を知らない。そのため、ヨーロッパ裁判所は、法の一般原則が存在しないので、構成国の行政庁が責任を負い、ＥＧの名前で締結された賠償契約に対して、国内法が適用されるべきであると判示した[212]。ＥＧ条約二三八条は、共同体が公法上の契約ばかりではなく、私法上の契約をも締結する能力を有することから出発している。これらの契約にいかなる法が適用されるかは、当事者の意思に従って決定される[213]。共同体には仕上げられた私法秩序は存在しないのだから[214]、私法上の契約に対しては、たいていは、国際私法のルールによって妥当する・ある特定の構成国の規定が適用されることになる[215]。ＥＧ条約二八八条一項もこれを示唆する。したがって、ＥＧ法によって決定される共同体の私法上の行

為は、稀な例外的事例のほかは存在しないだろう。言及されないままになっているのは、共同体が構成国の私法秩序を用いる権利である（例えば、構成国の私法に基づいて売買契約を締結すること）[216]。しかし、この点に関して、共同体が特別法を要求することはできない。

［54］ 部分的には、委員会または共同体法上のその他の法人格は、共同体独自の執行の場合にも、構成国の行政庁と協力しなければならない[217]。これらは補助的な地位を義務づけられている。損害を与えたことに対して、共同体は、契約上および非契約上の責任の原則（ＥＧ条約二八八条）に従って責任を負わなければならない。その際、故意または過失は［責任の］要件ではないが、おそらく重大な法違反が要件である[218]。適法な行為に対する責任さえ、ドイツ法[219]におけるのと類似して、排除されていないようにみえる[220]。

第二節　構成国による執行

［55］ 共同体法は圧倒的に構成国の（間接的な）執行において適用される[221]。というのは、共同体は確かに広範な立法権限を有するが、限られた行政権限しか有しないからである。この点で、直接的執行と間接的執行が区別される。前者では国内の行政庁は共同体法を適用し、後者ではドイツの実施規定を適用する。行政執行に際して、ＥＧ法はとくに行政組織、行政権限、行政手続および人的組織に影響を与える。

［56］ 一　行政組織。行政組織は原則として構成国の事項（Sache）である。けれども、ＥＧ条約一〇条（共同体への協力義務）から、共同体法を適用するための前提を規則どおり充足する、行政統制のシステムを創設する義務が生じる[222]。さらに、基本的諸自由の要請と一致しない形式の行政庁の組織は許されない[223]。ＥＧ委員会は州立銀行と貯蓄銀

行（Sparkasse）のための保証人責任（Gewährträgerhaftung）と機関責任（Anstaltslast）を許されない補助であるとした。[224]したがって、委員会と連邦共和国は、二〇〇五年七月一八日までに保証人責任を廃止し、機関責任を通常の市場経済的な所有関係と異ならないものに修正することで合意した。[225]そのほかに、構成国の行政組織に関する準則が作られるべき場合には、原則として第二次法の規定が必要である。第二次法は従来これに関するバラバラの規定しか含んでいなかった。例えば、第二次法が市場秩序の領域で国家に義務づけたのは、支払機関の運営、情報網の創設、生産者共同体と特別のコントロール機関の導入であり、私人の市場行政への拘束である。言及に値するのは、さらに、一定の行政庁にデータ・バンクの設置を義務づけたことである。[226]電気通信端末（Telekommunikations endgeräte）の規格認可を決定する機関は、同時に通信事業者であってはならない。[227]このことは、連邦共和国においては、「電気通信制度（Fernmeldewesen）における免許に関する中央局」を郵便から分離し、「電気通信（Telekomminikation）の領域における免許に関する連邦局」を設置する結果となった。今日では、この任務は主として、電気通信と郵便に関する規律行政庁によって遂行されている。[228]建設契約法（Vergaberecht）の領域では、指令は、構成員に、事後審査機関の設置を義務づけている。[229]

［57］二　行政権限。ドイツの行政庁が共同体の規範を適用する場合（直接執行）、確かに、基本法八三条以下は直接適用されない。なぜなら、問題となっているのが、連邦法律やラント法律の実施ではなく、独自の法秩序の法規の実施だからである。けれども、基本法の権限配分規定を適用することには意味がある。[230]共同体法のドイツの実施規定が適用される場合（間接執行）、その権限は基本法八三条以下に直接従う。したがって、原則的にはラントが、共同体法の執行に対して権限を有する。それにもかかわらず実際には、行政権限の相当部分が連邦に移行した。なぜなら、連邦は基本法八七条三項の可能性を広く利用し、[231]さらに租税行政を留保したからである（基本法一〇八条一項）。共同

体法が、連邦独自の行政によってではなく、連邦直接的な団体もしくは施設、または、ラントもしくはその独立の主体によって執行される場合には、これらの法主体の国家友好的行為という（国内）原則が、共同体法を正確に実施する連邦の義務に配慮するよう命じる。そこで、この原則に従えば、自治体はEG条約八七条の意味における意図的な補助をラントに報告しなければならず、ラントはさらに連邦に報告しなければならない。これによって連邦は、EG条約八八条三項一文による委員会への報告義務を履行することができるのである。[232]

〔58〕 共同体法は、行政の規範廃止権限に対しても持続的な影響を与えている。ドイツ法においては、行政庁がある規定がより上位の法に違反していると判断した場合、自己の見解に従ってその規定を適用しないでおく権限を行政庁が有するか、たいへんな争いがある。いずれにせよ、後憲法的な形式的法律については、支配的な学説とともに、このような権限は、基本法一〇〇条一項から明らかな連邦憲法裁判所の決定独占の故に、否定されるべきである。[233] 行政庁が規範の無効を確信し、あるいは規範の効力に疑念をもつときは、直近の上級行政庁または適法性監督庁の決定を求める義務がある。最上級の行政庁(省)は、基本法九三条一項二号またはそれに対応するラント憲法に基づいて政府が規範統制の申立を行うよう働きかけることができる。もちろん、職員に対して、彼らが犯罪を犯したり、秩序違反を犯したり、あるいは人間の尊厳を侵害することを要求することはできない。[234] しかし、それ以外の場合は、規範は執行されなければならない。行政庁が、無効と解される法規命令や条例をもその適用を拒否してよいのか、あるいはしなければならないのか、さらに争われている。ここで正しい道は、行政によって規範を廃棄するよう働きかけること、[235] そして拒否権限は緊急の場合以外は是認されないこと、であろう。[236] これに対して、ヨーロッパ裁判所のコンスタンツォ（Constanzo）裁判によれば、「ゲマインデその他の領域団体を含む行政のすべての担い手」は、直接適用可能な共同体法の作用の事例において、矛盾する国内法を適用しないでおくよう義務づけられるのである。[237] これは行政を

難しい状況に追い込む。例えば、ヨーロッパ共同体法の意味内容はしばしば不明確である。さらに、行政庁は、例えば指針が直接適用可能か否かを決定すべき場合に、しばしば過大な要求にさらされる。国内裁判所とは異なって（EG条約二三四条）、行政庁は、共同体法の解釈に疑義がある場合でもヨーロッパ裁判所の判断を求めることはできない。加えて、行政は二重に責任のリスクを負わされる。[238] 行政が国内法を適用しなかったことが違法であった場合、行政は国内法の原則（とくに職務責任法）に従って損害賠償責任を負う。反対に、行政が規範を誤って適用した場合、共同体法の優位を無視したことによる責任を引き寄せることになりかねない（いずれにせよ重大な法違反が存在する場合。［22］参照）。また、例えば地方自治体が、共同体法に違反する国内法の適用に対して、その国内法を作ったのは自治体自身ではないのになぜ責任を負うべきなのか、これもよくわからない。[239] ヨーロッパ裁判所の判例によれば、拒否権限は構成国の法に対してのみ妥当するのであって、共同体の第一次法に違反する第二次法に対しては妥当しないのである（［37］も参照）。[240]

59 構成国による執行をコントロールするのは、まず第一に構成国自体の権限である。[241] しかし、委員会は、構成国に対して、必要とあれば国内の権限を有する機関に対しても、市民の異議に基づいて、[242] 情報の提供を求め、事後審査を行うことができる。[243] 瑕疵が確認されたときは、委員会は、この点について構成国の聴聞の後理由を付した意見を発表する（EG条約二二六条一項）。構成国が、委員会の定める期間内にこの意見に従わないときは、委員会は条約違反を理由にヨーロッパ裁判所に提訴し、このようにして客観法的コントロールを行うことができる（EG条約二二六条二項）。[244] 第二次共同体法に対する違反も条約違反とみなされる。[245] 構成国が裁判所の判決に従わないときは、裁判所は課徴金または制裁金を課すことができる（EG条約二二八条二項）。[246] さらに委員会は、その法的見解の公表により、あるいは規範を解釈し裁量を統制する行政規則の制定により、構成国の行政執行を予防的に制御することを要求する。[247]

これに対して、国内の実施措置を制御するための指令権（Weisungsrecht）は、原則として委員会には属さない。[248] けれども共同体法はこの点に関しても別の定めをすることができるのである。このことは例えば、補助監視法（Beihilfe-aufsichtsrecht）[249]、公企業法（EG条約八六条二項）または建設契約法（Vergaberecht）[250] にあてはまる。第二次法は時に委員会の許認可を定めることもある。[251] さらに構成国は、共同体法の侵害に対して実効的・比例的および威嚇的な制裁を用意するよう義務づけられる[252]（［66］［67］も参照）。

［**60**］ ラントが共同体法を直接実施するときは、基本法八四条二項から五項を類推適用して、そこで挙げられた不作為監督権（Ingerenzbefugnisse）が連邦に帰属しなければならない（共同体法と連邦法を意味上同一視して）[253]。ラント法の実施規定にかかわる場合には、連邦は、連邦に友好的な行為の原則を援用して、必要とあれば連邦強制（基本法三七条）の方法で、共同体に適合的な行為をラントに強制することができる。[254] ラントが共同体法を侵害したために連邦に損害が発生したときは、不正規な行政の故に、基本法一〇四a条五項一文による償還請求（Regress）が問題となる。[255] 構成国はさらに独立の行政主体の共同体法適合的行為に対して責任を負わなければならないが、責任を負えるのは影響力をもつ者だけだから、共同体法の観点からも[256]、この点に関する制御とコントロールの可能性を定める必要性は明らかである。このことはとくに、私法的に組織された行政主体との関係の形成にあてはまる。

［**61**］ 三　行政手続。構成国による共同体法の執行を直接かつ包括的に定める共同体法の規定は稀である。共同体法が定めるのは、相当部分、例えば農業市場秩序の執行である。[257] 二重の利用目的を有する財産（Güter）の輸出に対するコントロールは、ＥＧの軍民両用規則（Dual-use-Verordunung）に従って決められる。[258] しかしとくに、一九九四年一月一日に施行された関税法典が指摘されるべきである。これは国内の関税行政で適用されるべき行政手続を法典化したものであるが、部分的にはドイツ法と相当異なっている。[259] このような規定が欠けているときは、手続は（原則とし

て）国内法に従う。しかしその場合にも、共同体法の内容的および手続的な多数の準則を遵守しなければならないのである。

62（1）影響のさまざまなレベル。国内の行政手続法に対する準則は、第一次法からすでに明らかである。そこで例えば、商品を輸入する際に他の構成国ですでに行われていた検査を要求する国内規定は、ＥＧ条約二八条と原理的に一致しない[260]。また条約法は、一定の手続を導入し[261]、あるいは手続において一定の標識（Erkenntnisquellen）を尊重するよう命じることができる[262]。しかし、第一次法が多数の事例でとくに要求しているのは、国内の行政庁がＥＧおよび（または）他の構成国の行政庁と協力することである[263]。とりわけ、第二次法だけでなく第一次法がすでに、財と給付の市場への［参入］許可または人の職業への［参入］許可に鑑みて、外国の（「超国家的な」）行政行為[264]を構成国にしばしば承認させている。このような行政行為は共同体の全域で効力を有する。例えば、他の構成国の外国学位（Diplom）は同価値であると承認されなければならない。なぜなら、そうでなければ、人の移動の自由はあまりに制約されることになるだろう[265]。

63 さらにヨーロッパ裁判所は二つの要求をしている。一つは、構成国法の適用が、共同体法の射程と実効性を損なってはならないこと、とくに共同体法の実現を事実上不可能にしてはならない（効率命令 Effizienzgebot）。もう一つは、構成国法を適用する際に、同種の、しかし純粋に国内法上の紛争を決定する手続と比較して、いかなる差別的な取り扱いも許されない（差別禁止[266]）。

64 構成国法によって損なわれてはならない共同体法の一つは、共同体法の法の一般原則である（［21］［22］[267]）。ヨーロッパ裁判所は当初この共同体法の基準を用いることに自制的であったが、時の経過とともに、共同体法が構成国法に与える影響は、共同体法の効率化という意味において一段と強まった。ヨーロッパ裁判所が要求するのは、衡量を行うにあたって共同体の利益を十分に考慮することだけではなく[268]、共同体法が構成国法を押しのけることができることから出発することである[269]。ここで主張されている見解によれば、共同体法の法の一般原則からは、通常、構成国による共同体法の執行に対する最低限の基準が取り出されるにすぎない[270]。それ以外の点では、構成国の行政手続法の相違を受け入れなければならない。なぜなら、この原則はさまざまな形成の余地を認めているからである（法律による行政の原理と信頼保護の原理のような異なる原則を調整しなければならない場合はとくに）。共同体が構成国による行政執行のために行政手続法の広範な調和を求めるのであれば、共同体の立法者が要請されるのである[271]。

［65］ さらに、第二次共同体法は、各国の行政手続法の一般法にも特別法にも影響を与えている。例としては、環境影響評価[272]、環境情報[273]および公的委任の授与（Vergabe）[274]に関する指令、ならびにEG環境監査（Audit）規則[275]が指摘される。これらの規定は、例えば、私人の協力責任の増加、コントロール任務の私人への移転、公衆による行政コントロールの強化、より手間のかかる行政手続（例えば、一定以上の公的委任をヨーロッパ全域で公示すること Ausschreibung）に、そして市場経済的手段による秩序法的環境法の補完に至った。これによってドイツの行政手続法は別の方向性を手に入れた[276]。経済監督の領域では、指令は、銀行法および保険法において、金融機関または保険会社の許認可は、生産国に対して妥当するばかりでなく、共同体全体に対して妥当すると定めた（シングル・ライセンスまたは生産国原理[277]）。ここから導かれる結論は、とりわけ、企業は外国においても原則として生産国の監督に服すること、そして国内の監督機関と外国の監督機関は協力しなければならないこと、である。同時に上述の指令が示したのは、共同体法が構成国の行政庁に対してきわめてしばしば水平的提携を義務づけることである。このような提携の意味は、可能な限り広範な自由の保障のために構成国の行政手続をネット化することによって国境を越えた事実関係を判断する際に行政庁のスムーズな協力を保障することである。国境を越えた事実関係は恒常的に増大しているのだから、行政の水平的な

提携（例えば国境を越えた職務救助）[278]がますます重要になることは明らかである。

［66］(2)　共同体法と国内行政法の法技術的接合。共同体法が国内の行政（手続）法に与える影響は、多様なかたちで生じる。国内規定の不確定的法概念に共同体法を読み込むか、行政の国内の裁量授権[279]を共同体法に照らして行使するかのいずれかである。場合によっては両方が必要である。例えば、（侵害的）行政行為に対する異議（Widerspruch）は、行政裁判所法（VwGO）八〇条一項によれば原則として停止的（aufschiedend）効力を有する。しかし、公共の利益にかかわるときは、行政庁は行政行為の即時の執行を命じることができる（行政裁判所法八〇条二項四号）[280]。EG法を執行するために行政行為が発せられ、そしてそのEG法が、共同体規定を遵守するために必要な措置を講じるよう義務づけている場合には、共同体の利益という意味での公共の利益が選択されるべきである。同時に、共同体法が即時の執行を命じている場合には、裁量のゼロへの収縮が承認されるべきである[281]。国内法が共同体法の準則と矛盾するときは、その国内法は適用されてはならない（［64］）。

［67］個別の事例では、共同体法の影響が国内（行政手続）法の変質（完全な変化）に至ることもある[282]。例えば、共同体法への違反を理由とする授益的行政行為の取消と行われた給付の返還請求は、通常は国内法に、すなわち行政手続法（VwVfG）四八条・四九a条に従う。というのは、共同体法にはたいてい独自の取消規定や返還請求規定は存在しないからである。EGの委員会が、EG条約八八条二項一文に基づき、すでに与えられた国家の補助を共同市場と一致しないと確定力をもって宣言し、支払われた金額の返還請求を命じた場合、国内行政庁の役割は委員会の決定を実施することに限定される[283]。その場合、確かに形式的には行政手続法四八条が適用される。しかし、妥当しているのはまったく別の基準である。なぜなら、その規定は共同体法の履行に役立つにすぎないからである。それ故、行政手続法四八条一項とは反対に、行政庁にはいかなる裁量も認められない。また、補助の受領者は、通常、国内の信頼保護[284]

も、行政手続法四八条四項の期間の満了も援用することはできない[285]。むしろ、その実施が絶対不可能であるか[286]、あるいは予測外のかつ予測不能の困難にぶつかる場合には[287]、その行政行為は取り消されなければならない。このことは、EG委員会の既存の（vorgelagert）決定の確定力の単純な帰結である[288]。EG行政庁の既存の手続が存在しないときは、共同体法に違反する国内行政行為の取消は、形式的な容器に向けられるだけではなく、実質的に行政手続法四八条に従うのである。しかしその場合でも、これに関する構成要件のメルクマールと裁量の授権は、共同体法に照らして解釈されなければならない。それ故、行政手続法四八条の期間一年の満了は、行政庁がこの期間をEGの不利益になるよう意識的に徒過した場合には、例外的に考慮されないのである[289]。行政契約が共同体法に違反したときは、原則として（いずれにせよ、BGB一三四条と結びついた行政手続法五九条ないしはBGB一三四条により）無効とみなされるべきである[290]。

［**68**］(3) 結論。EG法が行政法に与える影響は、生活事実が国内法にのみかかわるのか、共同体法にもかかわるのかに応じて、しばしばその分裂を生じさせる。しかし、共同体法の吸引力は、構成国が義務づけられていない場合にも、可能な限り共同体法の水準に合わせようとする傾向を助長しているといえるだろう。行政訴訟的には、共同体法の影響の故に、EG条約二三四条の先決的判決の方法でヨーロッパ裁判所の判断を求める必要性が、ますます頻繁に生じている（［71］）。このことは遅延という結果をもたらす。とくにヨーロッパ裁判所は、今日の構成ではいずれにせよ共同体の拡大に伴って、先決的判決手続で提起されたあらゆる問題に適切な時間内に回答することはできないといえるだろう。

［**69**］**四** 職員制度。EG法は行政の職員制度に対しても影響を与えている。例えば、従来のドイツの公務員法がドイツ国籍と結びついていたのに対して、共同体法は、他の構成国からの被雇用者の排除を、狭く解釈されるべきE

G条約三九条四項の限界内でのみ許容している。[291] 公務員法とEG法との衝突は、私法上の雇用関係に一般的に移行することによっても一掃されないであろう。なぜなら、（広く解釈されるべき）基本法三三条四項によれば、主権的権能の行使は、恒常的任務として、公法上の勤務関係および忠誠関係にある公務員に委託するのを通例とするからである。ドイツの教師が公務員関係で雇用されたのに対して、連邦共和国で同一の仕事を委託されたEG外国人が私法上の法関係で雇用されたとすれば、勤務関係の法的効果が異なるため、差別（EG条約一二条一項）と評価されたであろう。それ故、ドイツの立法者は、一九九三年に唯一可能な結論を導き出して、公務員法を次のような趣旨に改正した。すなわち、ドイツ人だけでなく、ヨーロッパ共同体の他の構成国の一つに国籍を有する外国人も、公務員関係において任命することができることにしたのである。[292]

(197) 混合形式について、*Everling* DVBl 1983, 649, 650；*Schmidt-Aßmann* DVBl 1993, 924, 934 f.；*Stettner* in：Dauses（注(82)）B III Rn 27；*Scheuing* in：Hoffmann-Riem/Schmidt-Aßmann, Innovation und Flexibilität des Verwaltungshandelns, 1994, 289, 295 f.；広い視点として、Schmidt-Aßmann/Hoffmann-Riem (Hrsg), Strukturen des Europäischen Verwaltungsrechts, 1999 を参照。

(198) 概念の形成について、*Rengeling* VVDStRL 53 (1994) 202, 205 ff. を参照。

(199) *Schmidt-Aßmann* DVBl 1993, 924.

(200) *Stettner* in：Dauses（注(82)）B III Rn 18 f.；*Rengeling* VVDStRL 53 (1994) 202, 205 を参照。

(201) 公務員法については、VO 259/68 v 29. 2. 1968, ABl L 56, 1 を参照。細目について、*Oppermann* EuR, Rn 638 f. を参照。

(202) とりわけカルテル命令（一九六二年二月六日の欧州経済共同体理事会命令 EWG-VO Nr 17/62, ABl L, 204）二条以下および合併命令（一九八九年一二月二一日の欧州経済共同体命令 EWG-VO Nr 4064/89, ABl 1990 L 257, 13）を参照。カルテル命令による執行措置と強制金確定の許可について、EuGH Slg 1989, 2859, 2922 ff.（ヘキスト社（Hoechst）事件）を参照。

(203) ヨーロッパ共同体反ダンピング法、ヨーロッパ共同体反補助金法およびその他の不公正取引実務の保護についての法律の取引保護機構について、Ehlers/Wolffgang/Pünder (Hrsg), Rechtsfragen des Handelsschutzes im globalen Wettbewerb, 2000 を参照。

(204) 一九九九年五月二五日の VO 1073/99 (ABl 1999 Nr L 136/1). 多数説の代表として、*Mager* ZEuS 2000, 177 ff.；*Schoo* in：Schwarze, EU, Art 280 EGV Rn 25 ff.；*Gemmel* Kontrollen des OLAF in Deutschland, 2002, 49 ff. を参照。

(205) VO (EG) Nr 1469/95 (ABl L 145, 1). これについてさらに詳しいものとして、*Hitzler* in：Ehlers/Wolffgang (Hrsg), Rechtsfragen der Europäischen Marktordnungen, 1998, 245 ff.

(206) *Streinz* EuR, Rn 468 を参照。

(207) *Oppermann* EuR, Rn 446 f.

(208) 現在、そのような法人が一二ある（代理機関）。例えば、ヨーロッパ環境代理機関（コペンハーゲン）や、共同体植物種保護局（アンジェ）。

(209) 法的な問題についてより詳しいものとして、*Groß* Das Kollegialprinzip in der Verwaltungsorganisation, 1999, 349 ff.；*Uerpmann* AöR 125 (2000) 551 ff.

(210) 例えば、VO 1182/71, ABl L 124, 1（祝祭日、日付、期日に関する規律の統一に関する規則）。

(211) ヨーロッパ共同体の行為類型としてのいわゆるコンフォートレター（Comfort-letter）（委員会の行政文書）については、*Schwarze* Eur VwR II, 1323 ff.；*Winterfeld* RIW 1984, 929 ff.

(212) EuGH DVBl 2001, 1834, 1835. ノルトライン＝ヴェストファーレン州上級行政裁判所の見解によって公法上の契約（ヨーロッパ共同体の利益のためにドイツ公法の「貸出（Ausleihe）」を可能と考える場合に、ただ可能であるもの）が重要であるべきとするものとして、OVG NW NVwZ 2001, 691, 692.

(213) EuGH Slg 1976, 1807, 1818；1982, 2469, 2480；1985, 3693, 3711 f.

(214) 二節[13]。共同体私法について一般的に、*Müller-Graff* Privatrecht und europäisches Gemeinschaftsrecht, 2. Aufl 1991, 27 ff.；*ders* NJW 1993, 13 ff., *Hauschka* JZ 1990, 521, 524 ff.；*Schweitzer/Hummer* Europarecht, 5. Aufl 1996, Rn 719 ff.

(215) *Gilsdorf/Oliver* in：vd Groeben/Thiesing/Ehlermann, EWGV, Bd 5, Art 215 Rn 8.

(216) ＥＧ条約二八二条を参照。委員会の報告によれば、共同体は、年間およそ五〇、〇〇〇の契約を締結している。

(217) カルテル規則による捜索と強制金の決定に関して、執行については、*Schweitzer/Hummer* EuR, Rn 424 ff.；*Oppermann* EuR, Rn 697.

(218) *Gilsdorf/Oliver* in: vd Groeben/Thiesing/Ehlermann (注(215)) Bd 5, Art 215 Rn 7 ff., 12 ff., 44 を参照。
(219) 没収による介入の責任機構については、四八節［73］以下。
(220) *Berg* in: Schwarze, EU, Art 288 EGV Rn 51 ff. を参照。
(221) この点について例えば以下の概要を参照。*Engel* Verw 25 (1992) 437, 440 ff.; *Streinz* in: Isensee/Kirchhof VII, § 182 Rn 1 ff.; *Schmidt-Aßmann* DVBl 1993, 924 ff.; *Fischer* Europarecht, 2. Aufl 1997, 126 ff.; *Zuleeg* VVDStRL 53 (1994) 154 ff.; *Rengeling* VVDStRL 53 (1994) 202, 202 ff.; *Scheuing* (注(197)) 289 ff.
(222) EuGH Slg 1990, I-2321, 2360.
(223) EuGH Slg 1990, 3239, 3257 ff.; *Müller-Graff* in: vd Groeben/Thiesing/Ehlermann (注(215)), Bd 1, Art 30 Rn 41 を参照。EuGH Slg 1982, 153, 157 によると、欠陥のある行政機構は、実行の不十分さを正当化しない。
(224) 事柄によっては、その他の公的措置も該当する。
(225) 全体についてさらに詳しいものとして、*Kluth* in: Bitburger Gespräche, Jahrbuch 2002.
(226) 例えば、一九九二年一月二七日の理事会規則 VO (EWG) Nr 218/92, ABl L 24, 1 四条。
(227) RL 88/301/EWG, ABl L 131, 73. この点について、EuGH Slg 1991, I-1223, 1267 f.
(228) 無線施設および電気通信施設法（FTEG）（BGBl I 2001, 170）一四条以下を参照。
(229) いわゆる再審査指令である一九八九年一二月二一日の理事会指令 RL 89/665/EWG および一九九二年二月二五日の理事会指令 92/13/EWG を参照。
(230) *Lerche* in: Maunz/Dürig, GG, Art 83 Rn 51; *Streinz* EuR, Rn 471 を参照。部分的に相違する（直接的に適用する）ものとして *Zuleeg* Das Recht der Europäischen Gemeinschaften im innerstaatlichen Bereich, 1969, 212; *Kössinger* (注(185)) 52 ff.
(231) 同様に、連邦官庁における他の権限が涵養と営林のために集中された一方で、例えば農業の領域においては、農業の市場秩序のための（市場機構法（MOG）五条の意味における介入措置のための）連邦行政施設が設置された。
(232) *Ehlers* DÖV 2001, 412, 416 を参照。
(233) 議論の状況については、三七節［28］; *Maurer* Allg VwR, § 4 Rn 46 ff を参照。
(234) 連邦官吏法（BBG）五六条二項、連邦官吏基本法（BRRG）三八条二項。
(235) BVerwGE 75, 142 ff. を参照。
(236) 異なる見解として、*Pietzcker* DVBl 1986, 806 f.; *Vohlhard* NVwZ 1986, 105, 107.

(237) EuGH Slg 1989, 1839, 1879 f. EuGH Slg 1978, 629, 644 f. も参照。直接的な効力をもたない指令に国内法が違反している場合には、廃止権が用いられることはない（争いがある）。本稿と同様のものとして、*Jarass*（注(83)）104 f.

(238) *Kadelbach* Allgemeines Verwaltungsrecht under europäischen Einfluß, 1996, 159 を参照。

(239) 共同体法に対する国内法の明白な違反についての廃止権限の緩和に関しては、例えば、*Jarass*（注(83)）103；*Pietzcker* in：FS Everling, Bd II, 1995, 1095, 1109；*Böhm* JZ 1997, 53, 56 f.；規範を公布する法主体たる行政幹部への廃止義務が集中することについて、*Schmidt-Aßmann* in：Ehlers/Krebs (Hrsg), Grundfragen des Verwaltungsrechts und des Kommunalrechts, 2000, 1, 18 f.　法政策上、少なくとも、構成国家の徴収の例における寛容な期限設定は考慮されるべきである。

(240) 批判的なものとして、*Scheuing* EuR 1985, 229, 254；*Streinz* Verw 23 (1990) 153, 164.

(241) ある種の共同体の監督は、複雑な農業融資における決算手続を可能とする（Art 5 Abs 2 VO 729/70 EWG, ABl L 94, 13, 最終的に VO/EG 1287/95, ABl L 125, 1 によって変更された）。というのは、共同体への負担転嫁の前に、構成国によって支出された資金を計画に組み込んでいるからである。*Scherer* EuR 1986, 52, 58 ff.；*Priebe* in：Dauses（注(82)）G Rn 169 f. を参照。統制のさまざまな視点について詳しいものとして、*Kadelbach* in：Schmidt-Aßmann/Hoffmann-Riem (Hrsg), Verwaltungskontrolle, 2001, 205 ff.

(242) 委員会によって用意された異議申立て手続については、*Jarass*（注(83)）107 f. を参照。

(243) これは、EG条約一〇条、二一一条、二八四条から導かれ、さらに、さまざまに第二次共同体法からも導かれる（例えば、RL 91/692/EWG, ABl L 377, 48 あるいは VO EWG Nr 595/91, ABl L 67, 11）。

(244) EG条約八八条二項も参照。

(245) EuGH Slg 1983, 467, 477；*Geiger* EG-Vertrag, 2. Aufl 1995, Art 169 Rn 3.

(246) 強制金は、最初に二〇〇〇年にギリシアに対して科された。EuGH Slg 2000, I-5047ff. を参照。

(247) この許可は、EG条約二一一条から導出される。*Klösters* Kompetenzen der EG-Komission im innerstaatlichen Vollzug von Gemeinschaftsrecht, 1993, 86ff.；*Kadelbach*（注(330)）224 を参照。批判的なものとして、*Schiller* RIW 1985, 36 ff.

(248) *Weber* Rechtsfragen der Durchführung des Gemeinschaftsrechts in der Bundesrepublik, 1987, 66 f.；*Kössinger*（注(185)）146 も参照。

(249) VO (EG) Nr 659/1999, ABl L 83, 1 二条および一四条とのつながりにおけるEG条約八八条二項。

(250) RL 89/665/EGW, ABl L 395, 33 の三条二項および三項を参照。その他の立証については、*Scheuing*（注(197)）335 f.

(251) Novel Food-VO (EG) 358/97, ABl L 43, 1；この点については、*Wahl/Groß* DVB1 1998, 2 ff.
(252) EuGH Slg 1989, 2965, 2985.　一貫性のない実務については、*Spannowsky* JZ 1994, 326, 330 ff. を参照。
(253) 同様のものとして、*Weber*（注(248)）68 も参照。異なる見解として、*Kössinger*（注(185)）151 ff.
(254) *Scheuing*（注(197)）304；*Kadelbach*（注(330)）229 も参照。
(255) *Dederer* NVwZ 2001, 258 ff.（他の請求権の根拠に関する論争についても同じく）；*Fisahn* DÖV 2002, 239, 245 を参照。
(256) 国内法については、一節［18］、二節［77］を参照。
(257) 例えば、VO 804/68, ABI L 148, 13 を参照。
(258) VO Nr 3381/94, ABI L 367/1.
(259) VO Nr 2913/92 ABI L 302, 1.　例えば、*Witte* (Hrsg), Zollkodex, 3. Aufl 2002 を参照。
(260) 例えば、EuGH Slg 1981, 3277, 3291 を参照。
(261) EuGH Slg 1990,1-2355, 2357 ff. を参照。
(262) EuGH Slg 1987, 1227, 1273 ff.
(263) 例えば、EuGH Slg 1981, 3277 ff. を参照；データ保護の問題については、*Scheller* JZ 1992, 904, 909.
(264) *Schmidt-Aßmann* DVBl 1993, 924, 935 f. を参照；*ders* Das allgemeine Verwaltungsrecht als Ordnungsidee, 1998, Rn 7, 50；*Neßler* NVwZ 1995, 863 ff.；*Stelkens/Stelkens* in：Stelkens/Bonk/Sachs, VwVfG, § 35 Rn 255 ff.；*Ruffert* Verw 34 (2001) 453 ff.；批判的なものとして、*Becker* DVBl 2001, 855 ff.
(265) EuGH Slg 1987, 4097, 4116 f. を参照。
(266) 基本となるものとして、EuGH Slg 1983, 2633, 2666 f. EuGH Slg 1980, 1887, 1900；*Streinz* EuR, Rn 483 ff. も参照。批判的なものとして、*v Danwitz* DVBl 1998, 421 ff.
(267) ヨーロッパ裁判所（Slg 1983, 2633, 2665）は、国内の行政庁は、共同体法に「法の一般原則も含めて」これに関して共通の規定がない限りで、国内規定に従って行動すると判断している。
(268) EuGH Slg 1983, 2633, 2669 f. EuGH Slg 1989, 2609, 2639 f. も参照。
(269) EuGH Slg 1990, 1-2433, 2473；1997, I-1591, 1622 f. を参照。
(270) 同様のものとして、*Streinz* in：Isensee/Kirchhof VII, § 182 Rn 28.
(271) EuGH Slg 1976, 1997, 1998；1980, 1887, 1900 も参照。

(272) RL 85/337/EWG, ABl L 175, 40.

(273) RL 90/313/EWG, ABl L 158, 56.　この点について、*Erichsen* NVwZ 1992, 410 ff.; *Schmidt-Aßmann* DVBl 1993, 924, 929 f.

(274) *Pühl* VVDStRL 60 (2001) 456, 464 ff. における命令の構成を参照。全体についてさらに詳しいものとして、*Prieß* Handbuch des europäischen Vergaberechts, 2. Aufl 2001.

(275) VO 1836/93, ABl L 168, 1.

(276) この点について、*v Danwitz*（注(132)）267 ff.; *Pernice/Kadelbach* DVBl 1996, 1100, 1113; *Kadelbach*（注(322)）32 ff. も参照。*Brenner* Der Gestaltungsauftrag der Verwaltung in der Europäischen Union, 1996, 432 f. も見よ。

(277) 例えば、RL 89/646/EWG, ABl L 386, 14 ff.; RL 92/49/EWG, ABl L 228, 1 ff.; RL 92/96/EWG, ABl L 360, 1 ff.; RL 93/22/EWG, ABl L 141, 27 ff. さらに、生産国の行政庁は、外国の支所を、すぐその場で審査することが認められている。この点についてさらに詳しいものとして、*Groß* JZ 1994, 596 ff.; *Royla* Grenzüberschreitende Finanzmarktaufsicht in der EG, 2000, 48 ff.

(278) 直接税および付加価値税の領域における構成国家による行政の協働に関しては、ドイツのヨーロッパ共同体官庁協力法（EG-Amtshilfegesetz）（BGBl I 1985, 2436, 2441）。

(279) 共同体法の実効性の原則は、原則として、共同体法に違反した行為に対する告訴を命じているため、地方監督庁の自由裁量は制限されている。*Ehlers* DÖV 2001, 412, 415; *Darsow* LKV 2002, 1, 6 を参照。

(280) 裁量規定の性格については、*Schoch* in: Schoch/Schmidt-Aßmann/Pietzner, VwGO, 1997, § 80 Rn 160 ff. を参照。

(281) EuGH Slg 1990, I-2879, 2905 を参照。批判的なものとして、*v Danwitz*（注(132)）361 f.

(282) *Schoch* VBlBW 1999, 241 ff. における概観。

(283) EuGH Slg 1997, I-591, 1619.

(284) この点については、BVerwGE 92, 81, 86 f.　共同体法においても法の一般原則である信頼保護は、ここでは、ドイツ法における内容とは異なり、それを侵害することは国内における信頼保護に資する手続規定に背くことはないことについては、*Schwarz* Verw 34 (2001) 397, 426 f. を参照。一方で、ＥＧ条約八八条三項の手続が維持されていたかについて、誠実な業者は確かめうるので、尊重されるべき信頼が欠けている。他方で、補助金受給者は、共同体法の意味において、保護に値するため、委員会の決定に対する取消訴訟は提起されうる。

(285) EuGH Slg 1997, I-1591, 1619 (Alkan II); BVerfGE 92, 81, 87.　このことは、法治国家上不可欠な基本権保障を侵害しては

いない。BVerwGE 106, 328, 334 f.; BVerfG-K NJW 2000, 215, 216; *Ehlers* DZWir 1998, 491 ff.; *Frowein* DÖV 1998, 806 ff. を参照。異なる見解として、例えば、*Scholz* DÖV 1998, 261, 266 ff. *Suerbaum* VerwArch 91 (2000) 169, 195 ff. を参照。

(286) EuGH Slg 1995, I-699, 714; 2000, I-4897, 4934.

(287) EuGH Slg 1991, I-1433, 1483; 1993, I-3131, 3151.

(288) 補助金手続規則 (ABl EG 1998/C Nr 116/13, 17) 一一条二項によると、委員会が補助金と共同体市場の調和について決定するまで、委員会は、構成国を、申請されていない（すなわち、形式的に違法な）補助金を仮に戻すべく命じることができる。EuGH Slg 1991, I-5505, 5506; 1996, I-3547, 3570も参照。この点についてさらに詳しいものとして、*Ehlers* GewArch 1999, 305, 307. 補助金受給者が、国内の行政庁に対して、国家責任請求をできるかの問題については、*Ehlers* Verw 31 (1998) 53, 55; *Middendorf* Amtshaftung im Gemeinschaftsrecht, 2001, 105 ff. を参照。BVerwG NVwZ 1995, 703, 707も参照。

(289) EuGH Slg 1997, I-1591, 1619.

(290) 個別の解釈上の構造については、*Ehlers* GewArch 1999, 305, 318 f.; *Schlette* Die Verwaltung als Vertragspartner, 2000, 535 f.; *Gurlit* Verwaltungsvertrag und Gesetz, 2000, 382 f.; *Remmert* EuR 35 (2000) 469 ff. を参照。

(291) ＥＧ条約三九条四項の解釈については、EuGH Slg 1980, 3881, 3886 ff.; 1996, I-3285, 3327 f. を参照。

(292) 連邦官吏法七条一項一号、連邦官吏基本法四条一項一号。

第七章　権利保護

[70] 個人の権利を保護するのは、共同体法の共同体固有の執行の場合（およびその他の場合）には共同体の裁判所——すなわちヨーロッパ裁判所と第一審裁判所——であり、構成国による執行の場合は国内の裁判所である。共同体法の権利保護(293)は、さまざまな観点でドイツ法の権利保護と区別される。例えば、共同体法そのものには規範（または

規範の発付）に対する個人の権利保護は存在しないし、ドイツ法（行政裁判所法四二条一項）の意味における義務づけ訴訟[294]も、個別的な給付訴訟や一般的な確認訴訟も存在しない。ＥＧ条約二三〇条四項によれば、すべての自然人または法人は、自己に向けて発せられた決定、または、規則の形であるいは他者に向けて発せられた決定ではあるが直接かつ個人的に関係のある（betreffen）決定に対して、訴えを提起することができる。[295] したがって、共同体法は利害関係人の訴え（Interessentenklage）を認めるが、第三者保護に関してドイツ法に劣るところがある。[296] 裁判所での実効的な権利保護を保障するために、ヨーロッパ裁判所は最近、訴権に関する規定を拡張解釈し、一般的かつ間接的に適用される共同体規定が多数の人々に関係する場合にも、個人の被侵害性（Betroffenheit）を肯定した。[297] あらゆる無効の訴えには、二ヶ月という極めて短い期間が適用される（ＥＧ条約二三〇条五項）。連邦共和国がＥＧ条約の義務に違反した場合、ＥＧ委員会も（ＥＧ条約二二六条）、他の構成国も（ＥＧ条約二二七条）、ヨーロッパ裁判所に訴えることができる。

［71］ドイツの裁判所が裁判する場合には、裁判所の手続はドイツの訴訟法に従う。しかし、ここでも共同体法の影響が考慮されなければならない（行政裁判所法四二条二項の意味における権利の受容については、［35］参照）[298]。例えばヨーロッパ裁判所は、仮の権利保護の内容形成に対して広範な要求をした（［37］注137）。共同体法の解釈と効力に関する問題がある国の裁判所の手続で生じた場合には、その裁判所は、ＥＧ条約二三四条に従い、問題をヨーロッパ裁判所に移送することができるし、しなければならない。移送義務に対する違反は、同時に基本法一〇一条一項二文の侵害であり、憲法異議によって訴えられる。その際、連邦憲法裁判所は、移送義務の処理が維持できないものかどうかだけを審査する。[299] ＥＧ条約二三四条の先決的判決手続は、ヨーロッパの裁判権と国内の裁判権をかみ合わせるのであり、共同体法秩序の統一性と一貫性を守るための不可欠の道具なのである。[300]

(293) *Erichsen/Weiß* Jura 1990, 528 ff. における概観。

(294) ＥＧ条約二三四条の不作為訴訟は、不作為の確認にのみ向けられている。

(295) この点について、例えば、EuGH Slg 1994, I-1853, 1886 を参照。

(296) *v Danwitz* (注(132)) 238 ff. を参照。判例についての解説については、*Schwarze* in : *ders* (Hrsg), EU, Art 230 EGV Rn 40 ff.

(297) NJW 2002, 2088, 2090.

(298) この点について詳細なものとして、*Schmidt-Aßmann* in : Schoch/Schmidt-Aßmann/Pietzner, VwGO, Einleitung Rn 100 ff. ; *Dörr* in : Sodan/Ziekow (Hrsg), VwGO, 1999, EVR Rn 349 ff. ; *Ehlers* (注(139)) ; *Schoch* Die Europäisierung des verwaltungsgerichtlichen Rechtsschutzes, 2000.

(299) BVerfGE 73, 339, 366 ; BVerfG-K NJW 2001, 1267, 1268 その他の文献を参照。

(300) ヨーロッパ裁判所が、いわゆる、余分な、すなわち指令の基準を超えた指令の転換についても指令適合的解釈の権限を有すかどうかの問題につき、認めないものとして、*Habersack/Mayer* JZ 1999, 913 ff.

行政手続における聴聞

Anhörung im Verwaltungsverfahren

工藤達朗 訳

目次

第一章　はじめに
第二章　聴聞の前提
第三章　聴聞の内容
第四章　聴聞の実施
第五章　聴聞義務の例外
第六章　聴聞の禁止
第七章　聴聞の瑕疵の治癒
第八章　聴聞の瑕疵の効果
第九章　ま　と　め

第一章　はじめに

ヨーロッパ大陸の国々では、手続思想が行政法のなかにとくに強く刻み込まれているわけではない。それ故、ドイツの行政法総論は、主として、実体法の規定から構成されている。[1] 手続法は、［実体法に］奉仕し、［実体法よりも］低次の役割を演じるにすぎないのである。アメリカ合衆国の行政法を例に挙げれば、このことは、とくにはっきりと証明される。アメリカ行政法にとってまず第一に重要なことは、関係人（Beteiligte）の武器の平等を確立することによって、公正な手続を保障することである。いくぶん誇張して表現すれば、ドイツの行政法が、まず第一に内容的な準則に関して実体的正義を達成しようとしているのに対して、アメリカ法は、公正な条件下で論争を行うことによって、正義がおのずから生じてくることを、とくに信頼しているのである、ということができよう。[2]

聴聞の権利は、市民の手続上の権利のなかで最も重要なものの一つなのであるから、行政法が手続に対してどの程度好意的であるかは、現に存在する聴聞に関する規定を基準として量ることができると思われる。まずアメリカ法を一瞥するならば、アメリカ法は、行政立法（Normsetzung）についてすでに、すべての場合に、かつ義務的な公衆参加を定めていることが、確認される。問題になっているのが正式《フォーマル》の規則制定（rule-making）なのか、略式《インフォーマル》の規則制定なのかにかかわらず[3]、立法する行政庁は、法案を公表し、公衆の提起した問題を内容的に斟酌するとともに、文書を閲覧させ、立法の決定に詳細な理由を付記しなければならないのである。[4]

個別事案に関する決定の発付が問題である場合には[5]、聴聞を受ける権利は、アメリカ憲法の第五修正および第一四修正におけるデュー・プロセス条項によって守られている。[6] いかなる場合にも、行政庁は、その決定の基礎に関する情報を関係者（Betroffenen）に提供し、また、決定が発付される前に反論の機会を認めなければならないのである。個別事案に対する正式の決定が問題となる場合には、[7] 行政手続法（Administrative Procedure Act）[8] または特別法の規定に従い、きわめて労力を要するヒアリングが実施されなければならない。この際立った特徴は、当該手続とその事実上および法的な背景に関する通知（Benachrichitigung）、訴訟代理人（Rechtsbeistand）の招聘の許容、事実および法見解について意見を述べる機会、反論および証人尋問の権利、ならびに、この聴聞手続に参加していなかった行政庁が決定を下し、さらに、この決定は、この手続自体において主張され、かつ調書に記録された証拠資料（Beweismaterial）だけに基づかなければならない、という点である。

この調査結果とドイツ法を比べてみると、立法手続における聴聞に関しては、ドイツ法は明らかにアメリカ法に劣っていることが確認される。行政立法に公衆を参加させる義務は、原則として存在しない。広範な（しかも初期の段階での）市民参加が定められているのは、主として、建設基準計画（Bauleitplan）を作成する場合だけである（建設法典三条）。その場合、手続違反は、一年以内に主張されなければならない（建設法典二一四条一項一文と結びついた二一五条一項）。一部の法律は、専門家、団体または鑑定人の聴聞を定めている。それゆえ、連邦政府は、許可を要する施設への要求に関するインミッシオン防止法の法規命令を発付するに先立って、学問、関係者、関係する経済、交通制度、および、インミッシオン防止に権限を有する最上級のラント行政庁の代表者から選出された人々に対して、聴聞を行わなければならない（連邦インミッシオン防止法七条一項、五一条）。自然保護および地域環境制度に権限を有する行政庁が命令またはそれに類似の法規定を準備する場合には、承認された自然保護団体に対して、意見を表明し、当該鑑定人の鑑定を閲覧する機会を与えなければならない（連邦自然保護法二九条）。それ以外には、その他の人々または公衆を立法に参加させるか否か、いかなる範囲で参加させるかは、行政庁の裁量に委ねられている。通常は、公衆参加は行われない。また、立法の決定に理由を付記することも必要とはされていない。

アメリカ法とドイツ法が行政立法に対して異なる種類の要請をしているのは、とくに、民主制の理解が異なる点に原因がある。アメリカ法は、立法権を政治的に独立の行政庁に委任することを認めている。[(9)] 立法を民主的に正当化するためには、関係者の参加が必要なのである。ドイツにおける行政立法は、原則として、代表民主制のモデルに従っている。行政権の命令への授権の内容、目的および程度は、議会の法律に規定されていなければならない（基本法八〇条一項）。また、立法する行政機関は、常に議会に対して責任を負う。異なる規定が適用されるのは、地方自治体（Selbstverwaltungsträger）の条例、例えば、ゲマインデの条例である。これらは、地方分権的な立法の表現であり、地方自治体の構成員に対して責任を負わなければならない（例えば、ゲマインデの市民に対して）。[(10)] しかし、条例も、自由と財産に介入することができるのは、議会の特別法がこの点について授権している場合に限られるのである。[(11)]

アメリカ法とドイツ法であまり違わないのは、個別事案の決定（裁決［adjudication］ないしは行政行為）を発付する前に行われる聴聞が問題である場合である。まさにこのような場合に、聴聞は特別の重要性をもつ。すなわち、主観的な公権と義務が実現されるのは、通常は、個別事案の決定の発付に向けられた行政手続においてはじめてなのである。手続に従った措置の種類と様式は、実体的な法的地位の現実化についても、本質的に決定するのである。内容形成（Ausgestaltung）に応じて、行政手続は、実体法の実施を促進し、困難にし、あるいはそれどころか阻止することさえありうるのである。手続に従った行政の援助がなければ、市民がその権利に到達するのは難しい。[(12)]

行政行為によって複雑な個別事案の決定を講じることが問題である場合、ドイツ法は、公衆参加を定めるのが普通である。それゆえ、計画確認決定またはインミッシオン防止法上の認可を発付する前に、行政庁は、計画を公衆に公表し、資料を閲覧に供し、市民の抗議を受け付けて、これについて市民と討議しなければならない[13]。その他の場合には、聴聞は、特別法によって規定されている場合がある。この種の規定が存在しない場合には、関係人の意見表明の権利は、いわゆる行政手続法の三本柱、すなわち、連邦と各ラントの行政手続法、租税通則法（Abgabenordnung）および社会法典第一〇編の一般的聴聞規定に従う。ここであげた［連邦とラントの］行政手続法は、社会法における一例外を別にすれば[14]、多かれ少なかれ、内容的に同一の聴聞規定を含んでいるから、ここでは、連邦の行政手続法についてのみ詳しく言及することで十分である。該当する規定は、行政手続法（VwVfG）二八条、四五条および四六条に見いだされる。

以下においては、まず、聴聞の前提（第二章）、内容（第三章）、ならびに、実施（第四章）について考察する。続いて、聴聞の例外（第五章）、聴聞の禁止（第六章）、聴聞の瑕疵の治癒（第七章）、および、聴聞の瑕疵の効果（第八章）に目を向けることにしよう。短いまとめ（第九章）をもってこの考察を締め括る。

＊本稿は、一九九六年四月に中央大学で行った講演に若干加筆し注を付したものである。

（1）行政手続法（VwVfG）三五条以下を参照。

（2）両者の相違について、参照、Riegert, Das amerikanishe Administrative Law, 1967, S. 20 f., 24, 153 f.; F. Scharpf, Die politishen Kosten des Rechtsstaates, 1970, S. 38; Dolzer, DÖV 1982, 578 ff.; Jarass, DÖV 1985, 377 (378 f.).

（3）正式の規則制定については、APA（連邦行政手続法）五五三条ⓒ三文・五五六条・五五七条、略式の規則制定については、五五三条ⓑからⓔを参照。全体について詳しくは、Mintz/ Miller, A Guide to Federal Agency Rule Making, Published by The Administrative Conference of the United States, 2. Aufl. 1991. また参照、Brugger, Einführung in das öffentliche Recht der USA, 1993, S. 193 ff.

（4）この点について詳しくは、H. Pünder, Exekutive Normsetzung in den Vereinigten Staaten von Amerika und der Bundesrepublik Deutschland, 1995, S. 118 ff.

（5） この点について一般的には、P. L. Strauss, An Introduction to Administrative Justice in the United States, 1989, S. 141 ff. の序論。

（6） 第五修正は連邦の権力に向けられ、第一四修正は州（Bundesstaaten）に向けられている。デュー・プロセス条項は個別的措置には拡張されるが、実体的立法には拡張されないことについて、一方では、Londoner v. Denver 210 U.S. 373, 385 f. (1908) を、他方では、Bi-Metallic Investment Co. v. Colorado, 239 U.S. 441, 445 (1915) を参照。

（7） ＡＰＡ五五四条。簡潔な要約として、Pierce/ Shapiro/ Verkuil, Administrative Law and Process, 1992, S. 279 ff. 法律の規定が（大抵の場合そうであるように）正式の裁決を要求していない場合、行政機関の行為が、生命、自由または財産における個人の利益に対立的に作用するときは、デュー・プロセス条項の手続的要請が、ＡＰＡ五五五条の規定と並んで、直接適用される（略式の裁決については、参照、Pierce/ Shapiro/ Verkuil, a. a. O., S. 317 ff.）。この要求は、制約された利益の重大性、瑕疵ある決定の危険性、コストのかからない決定発見についての公共の利益に左右される（vgl. Mathews v. Eldrige, 424 U.S., 319, 335 (1976)）。

（8） とくにＡＰＡ五五六条(c)から(e)。ＡＰＡ五五七条も参照。

（9） 確かにアメリカ法にはいわゆる授権禁止法理（non delegation doctrine）が存在する。それによれば、立法者には立法権を行政権に委任することが原則的に禁じられている（vgl. Brugger, Fn. 3, S. 174 ff.；Pünder（注（4））, S. 40 ff.）。しかしこの法理は、事実上、実務において何の役割も果たしていない。わかる範囲では、最高裁判所は、一九三六年以来、立法権限の行政権への（しばしば独立の行政機関に対しても）あらゆる委任を受け入れてきた。

（10） 基本法八〇条が条例に適用されないことについて、参照、BVerfGE 33, 125 (156 ff.)；49, 343 (362)；BSGE 68, 123 (124).

（11） 何よりもまず、参照、BVerfGE 33, 125 (159 f.)；Schmidt-Aßmann, Kommunalrecht, in：ders. (Hrsg.), Besonderes Verwaltungsrecht, 10. Aufl. 1996 Rn. 96.

（12） Vgl. Ehlers, Die Verwaltung 14 (1984), 295.

（13） 例えば、行政手続法七三条および連邦インミッション防止法一〇条を参照。計画の認可については、参照、Blümel (Hrsg.), Speyerer Forschungberichte Bd. 105 (1991), Verkehrswegeplanung in Deutschland.

（14） 社会法典第一〇編四二条二文によれば、行政行為の廃止を要求することができるのは、必要な聴聞が行われず、または実効的に追完されなかったという理由がある場合だけである。したがって、社会法は行政手続法四六条の規定——それは実質において異なる決定がなされた可能性があったか否かを基準とする——とは異なっている。それゆえ社会法においては、もはや修復不可能なあらゆる聴聞の瑕疵が考慮される。したがって、社会法の制定者は、連邦社会裁判所の判例を社会法典第一〇編が発効する前に受け入れたのである。Vgl. BSG SozR 1200 § 34 SGB I Nr. 2, S. 8 ff. ; Nr. 4, S. 20 ff.

第二章　聴聞の前提

行政手続法二八条一項によれば、聴聞が必要とされるのは、関係人の権利に介入する行政行為が発付されるべき場合だけである。行政行為の概念（行政手続法三五条）や関係人の範囲（同法一三条）が行政手続法で詳しく定義されているのに対して、介入行為の法律上の定義は存在しない。判例によれば、聴聞義務を生じさせる介入が存在するのは、関係人の既存の権利の範囲が行政決定によって制限（beeinträchtigen）される場合、それゆえ、法的な現在の状態（status quo）がマイナスの状態（status quo minus）に変えられる場合に限られる。(15) これに対して、多くの学説は、授益的行政行為の拒絶もこの法律の意味における介入であるとみなしている。(16) 原則として、後者の見解に従うべきである。

拒絶的行政行為の発付について一般的に聴聞義務を否定する見解は、すでに憲法上の疑義にぶつかる。市民の聴聞を受ける権利は、その核心においては、憲法によって保障されているのである。確かに、基本法一〇三条一項に投錨された法的聴聞（rechtliches Gehör）の保障を求める権利は、ほぼ一般的な見解に従えば、裁判所の手続にのみ関わるものである。(17) しかし、法治国家原理から、(18) また、個人を国家的決定の単なる客体にすることを禁じる人間の尊厳の尊重から、(19) 国家の機関が行政手続においても関係人の聴聞を行うことが憲法上の義務であることは明らかである。(20) この憲法上の命令の正確な射程については争いがある。しかしながら、聴聞の義務が狭義の介入行政だけに関するものとすることは、憲法上の要請と一致しないであろう。別の関連においてではあるが、連邦憲法裁判所は、正当にも、介入と給付の境界線は流動的であること、また、個人に給付と機会を保障し提供する国家行為は自由な生存にとってしばしば介入の不存在よりも重要であることを指摘している。(21)利益付与の拒絶が介入と同等であるとすれば、行政手続における聴聞の必要性は、憲法上肯定されなければならない。このような前提は、とくに、関係人が秩序行政に関していわゆる統制許可（Kontrollerlaubnis）を求める場合に存在する。このような場合には、行政は、提起された計画が公法上の規定に反しないか否かを審査する。それ故、私人は、一定の場合には、行政庁が彼に許可を与えてはじめて職業活動を行うことができるのである。許可義務は、行為そのもの（例えば、職業活動）に対して向けられるのではなく、法違反を早期に阻止すべきものである。法律の前提が存在する場合、個人には、許可の付与を求める権利が基本法一二条一項によって保障されている。許可が拒絶された場合、形式的にみれば授益的行政行為の拒絶が問題になっているにすぎないが、実質的には、基本権への介入が問題となっているのである。なぜなら、この拒絶は、まずは仮のものにすぎなかった禁止を終局的な禁止とするからである。これにより、関係人は許可の拒絶について聴聞されなければならない、という結論に至るのである。(22)

行政が給付活動を行う場合、市民が例えば補助金交付の行政行為を求める場合、憲法はいかなる聴聞も命じてはいない。しかしながら、行政手続法二八条一項は、このような場合をも含んでいる。すでに行政手続法二八条二項三号の規定がこれに賛成している。(23)この規定によれば、聴聞を除外することができるのは、申請において関係人が行った事実についての説明から、彼に不利益を与えるようなかたちで逸脱することがない場合である。この反対解釈から、行政庁が申請人の負担になるかたちで申請人の主張から逸脱しようとする場合には聴聞が行われなければならない、という結論が生じる。そこで、行政手続法二八条二項三号を、より緩やかな手段の申請ないしは権利を制限される第三者による申請の場合に限って適用することも、確かに可能ではあろう。[24] けれども、規定の文言はより広いし、このような限定解釈のための手がかりを含んではいない。これに加えてさらに理由がある。関係人に給付を約束する法律上の規定が存在する場合、法律上の前提があり、あるいは関係人が申請すれば直ちに（通常は）給付請求権が成立するだろうが、その給付が行政行為によって与えられる場合はそうではない。このことは、社会法典が社会的給付の領域について明文で定めている。[25] これ以外の場合にも原則的には何も変わらない。しかし、関係人が法律上認められた特典（Vergünstigung）を求める権利を有する場合、違法な拒否は彼の権利領域への介入である。したがって、個別的法行為（行政行為）によって与えられた給付を事後的に取り上げることだけでなく、一般的な（法律上の）給付の約束を履行しないことも、関係人の権利領域を減少させる。行政庁が故意に違法行為をすることはないとの指摘[26]は短見である。なぜなら、そうであれば聴聞が必要なことは決してなかったであろう。聴聞は常に決定形成が終了する前に行われなければならず、聴聞を行えば別の実質的決定に至った可能性は排除されない。給付の供与が行政庁の裁量に委ねられている場合、裁量活動が公共の利益のためだけに存在するのではなく、個人の利益にも奉仕するために規定されているときは、関係人は、裁量の瑕疵のない行使を求める権利を有している。その場合、裁量の不適切な行使によって、瑕疵のない裁量行使を求める権利は狭められうるのである。その限りで、このような場合にも現状は悪化するのである。

ここで主張した見解に従えば、判例とは反対に、関係人の事実上の主張が彼に給付請求権を承認する結果になることが排除されえない場合には、給付行政にも聴聞が義務づけられる。聴聞が不要とされるのは、関係人が、法秩序に従えば存在しない権利、または、たとえどのような種類の事実を主張するかにかかわらず関係人に帰属しえない権利に依拠する場合だけである。(27) このような結論は、決して行政の能率性に矛盾するものではない。すなわち、聴聞は、個人の利益に奉仕するばかりではなく、行政の利益にも奉仕するのである。聴聞がなければ、事実関係の確認はしばしば不可能である。しかし、他方では、事実関係の綿密な確認は、下されるべき決定の正当性の必要条件なのである。(28)

(15) Gurundlegend BVerwGE 66, 184 (186). Vgl. auch bereits BVerwG, Buchholz 451.74 § 8 KHG Nr. 3, S. 26. Zust. z.B. Bonk, in: Stelkens/ Bonk/ Sachs, Verwaltungsverfahrensgesetz, 4. Aufl. 1993, § 28 Rn. 12; Clausen, in: Knack (Hersg.), 5. Aufl. 1996, § 28 Rn. 3.

(16) Ule/ Laubinger, Verwaltungsverfahrensrecht, 4. Aufl. 1995, § 24 Rn. 2; Kopp, Verwaltungsverfahrensgesetz, 6. Aufl. 1996, § 28 Rn. 10; Badura, in: Erichsen (Hrsg.), Allgemeines Verwaltungsrecht, 10. Aufl. 1996, § 37 Rn. 12. また、Laubinger, VerwArch 75 (1984), 55 (65 m. Fn. 25) の包括的な紹介、および、Martens, NVwZ 1984, 556 を参照。

(17) Schmidt-Aßmann, in: Maunz/ Dürig/ Herzog/ Scholz, Grundgesetz, Art. 103 Abs. 1 Rn. 62, (Bearbeitung Nov. 1988); Kopp (注(16)), § 28 Rn. 2 m.w.N. これに批判的なのは、Achterberg, Allgemeines Verwaltungsrecht, 2. Aufl. 1986, § 22 Rn. 32 m. Fn. 28; Feuchthofen, DVBl. 1984, 170 (172 f.).

(18) Obermayer, Kommentar zum Verwaltungsverfahrensgesetz, 2. Aufl. 1990, § 28 Rn. 5; Kopp (注(16)), § 28 Rn. 2 m.w.N.; vgl. auch Ule/ Laubinger (注(16)), § 1 Rn. 8.

(19) BSG, SGb 1979, 345 (347); Borgs, in: Meyer/ Borgs, Verwaltungsverfahrensgesetz, 2. Aufl. 1982, § 28 Rn. 3; Obermayer (注(18)), § 28 Rn. 5; Ehlers, Die Verwaltung 17 (1984), 295 (298).

(20) 基本権から手続上の権利を導出することの問題性については、何よりもまず参照、Laubinger, VerwArch 73 (1982), 60 ff.

(21) BVerfGE 40, 237 (249).

(22) Ehlers, in: Erichsen (Hrsg.), Allgemeines Verwaltungsrecht, 10. Aufl. 1996, § 1 Rn. 34.

(23) Kopp (注(16)), § 28 Rn. 10.

(24) この意味において、Weides, Verwaltungsverfahren und Widerspruchsverfahren, 2. Aufl. 1981, S. 93.

(25) 社会法典第一編四〇条一項。
(26) So Clausen (注(15)), § 28 Rn. 3.
(27) Vgl. Ehlers, Die Verwaltung 17 (1984), 295 (301).
(28) Vgl. auch Kopp (注(16)), § 28 Rn. 2.

第三章　聴聞の内容

聴聞は、内容的に、決定にとって重要な事実について意見を表明する機会を関係人に与えることに向けられている。したがって、聴聞は二重の観点で限定されている。一方では、事実に関する意見表明にのみ関わる。法律問題は事実ではない。それゆえ、行政庁は、関係人と法律上の話し合いをする義務はない(29)。もっとも、関係人は、事実に関する主張を理解させるために、事実に関する法的見解を表明する権限を有する(30)。他方では、聴聞の義務は、決定にとって重要な事実にしか及ばない。行政庁の法的評価に従えば問題となる事実がこれに含まれる(31)。主張を斟酌すれば異なる決定が下された可能性があれば十分である。

(29) Ule/ Laubinger (注(16)), § 24 Rn. 4 ; Kopp (注(16)), § 28 Rn. 20 m.w.N.
(30) 参照、Schenke, VBlBW 1982, 313 (321) ; Kopp (注(16)), § 28 Rn. 15.
(31) BVerwGE 66, 184 (190). 同説は、Oberemayer (注(18)), § 28 Rn. 28 ; Weides, JA 1984, 648 (652) ; 異説は、Martens, NVwZ 1984, 556 (557) ; Kopp (注(16)), § 28 Rn. 17.

第四章　聴聞の実施

聴聞の実施は、行政庁が関係人に意見表明の機会を与えることを求める。関係人が決定にとって重要な事実について意見を述べることができるのは、それらの事実を彼が知っていた場合だけなのであるから、行政庁は関係人に対し、決定にとって重要な事実をわかりやすく伝えるか、(32) あるいは（例えば文書の閲覧を認めることにより）その事実を知ることを可能にしなければならない。(33) 行政庁が、聴聞が行われた後で生じ、あるいは知られるようになった事実で行政行為を支えようとする場合には、新たな聴聞が必要である。それに対して、行政庁は、行政庁の決定がいかなる内容になると予測しているかを関係人に知らせる必要はない。(34) それ以外には、行政庁の必要な活動範囲は、発付されるべき行政行為の性格に決定的に依存している。狭義の介入行為が問題となる場合には、関係人は、予想外の決定からの保護をとくに必要とする。(35) 申請した給付が拒絶される場合には、関係人は、その申請との関連で、給付にとって重要な事実を主張する機会をすでに有していたのが通常である。その場合、申請人に対してそれ以上の意見を述べる機会が与えられなければならないのは、行政庁が、申請に含まれていた事実に関する主張から、申請人に不利な結果になるように逸脱しようとする場合、あるいは、その結果を別の事実で支えようとする場合だけである。(36) 申請の際に事実が全く主張されなかったか、あるいは不十分にしか主張されなかった場合、申請人と行政庁のいずれにこの責任を負わせるべきかが問題になる。後者が責任を負うのは、例えば、申請書が誤解に基づいて作成されていた場合、あるいは、事実の主張が申請書では要請されていなかった場合である。それ以前の行政庁の行為により、申請人が申請の詳細な理由づけは必要ないと信頼してよかった場合にも、同じことがいえる(37)。

聴聞されなければならないのは、すべての関係人である。手続の開始が第三者の権利を形成する効力を有する場合には、この第三者も手続に参加させなければならない(38)。第三者の法的利益が手続の開始によって影響を被る場合には、行政庁はこの第三者を参加させることができる(39)。

聴聞の特別の形式は定められていない。したがって、関係人に口頭で意見を述べる機会を与えるか、それとも文書で意見を述べる機会を与えるかは、行政庁の裁量に委ねられている。関係人が文書による説明で意見を述べるだけではその見解を十分に明らかにすることができない場合には、例外的に口頭の聴聞が命じられる(40)。このことは、例えば事実関係がきわめて複雑な場合には承認されるだろう。口頭の聴聞の場合には、意見表明の本質的な内容について記録が作成されなければならず、この記録には関係人が署名しなければならない(41)。聴聞は原理的にドイツ語で行われる(42)。口頭の聴聞が命じられる場合には、外国人の聴聞を行う行政庁は通訳をも参加させる義務を負うとみなされるべきである(43)。

最後に、聴聞の時期はとくに重要である。聴聞は、実質決定の発付の前に行われなければならず、また、関係人が――場合によっては、情報を収集し、証拠を集め、あるいは弁護士と協議することによって――事態に習熟する可能性を有するよう、期限が設定されなければならない(44)。いずれにせよ、行政庁の決定形成は、関係人の意見表明が適切な時期になされる以前にすでに完了していることは許されない。関係人は行政庁の意思形成に影響を与える可能性をもつべきなのであるから、行政庁はその説明に留意し、決定にあたっては考量に取り入れなければならない(45)。このことは、文書による行政行為または文書により確証された行政行為の場合には、行政行為の理由づけから認識されなければならない。ただし、完全に的はずれな説明、したがって明らかに決定にとって重要でない説明の場合は別である。

(32) Obermayer (注(18)), § 28 Rn. 28; Ule/Laubinger (注(16)), § 24 Rn. 3.
(33) Kopp (注(16)), § 28 Rn. 21.
(34) Clausen (注(15)), § 28 Rn. 3. 5; Kopp (注(16)), § 28 Rn. 21. さらに、Mandelartz, DVBl. 1983, 112 ff.; Weides, JA 1984, 648 (650).
(35) まさに予想外の決定が、聴聞によって回避されるべきなのである。BVerwG, DVBl. 1990, 259; Bonk (注(15)), § 28 Rn. 3.
(36) OVG NW, NVwZ 1983, 746; Laubinger, VerwArch 1984, 73.
(37) Vgl. OVG NW, DÖV 1983, 986 f.
(38) Bonk (注(15)), § 28 Rn. 17; Clausen (注(15)), § 28 Rn. 3.2; Kopp (注(16)), § 28 Rn. 8.
(39) Clausen (注(15)), § 13 Rn. 4.
(40) Obermayer (注(18)), § 28 Rn. 38; Clausen (注(15)), § 28 Rn. 3.7.
(41) Obermayer (注(18)), § 28 Rn. 39; vgl. auch VG Münster, GewArch 1980, 155.
(42) 行政手続法二三条参照。詳しくは、Ingerl, Sprachrisiko im Verfahren. Zur Verwirklichung der Grundrechte deutsch-unkundiger Beteiligter im Gerichts- und Verwaltungsverfahren, 1988, S. 35 ff.
(43) 争いがある。広く解するのは、Kopp (注(16)), § 23 Rn. 2; 狭く解するのは、BVerwG, NJW 1990, 3102 f. 関係人がドイツ語を使いこなすことはできないが、十分理解する（聞き取る）ことができる場合には、通訳なしの審理で十分である。行政裁判所の手続については、裁判所構成法一八五条と結びついた行政裁判所法五五条参照。
(44) Clausen (注(15)), § 28 Rn. 3.6; Bonk (注(15)), § 28 Rn. 27.
(45) BVerwGE 66, 111 (114); Schimanski, SGb 1980, 521 (522).

第五章　聴聞義務の例外

行政手続法二八条二項によれば、聴聞を省略することができるのは、個別事案の状況によれば聴聞が必要とされない場合、とくに、危険が切迫している場合、期限の遵守が困難になる場合、申請における関係人の事実に関する主張から逸脱しない場合、行政庁が一般処分（Allgemeinverfügung）または同種の行政行為を大量に発付する場合、あるいは、行政執行の措置を講じる場合である。例外とする理由が存在する場合には、聴聞を省略するか否かは行政庁の裁量に委ねられている。裁量が正規に行使されるのは、行政がそもそも裁量権を有することを認識し、考量を行い、裁量を裁量の枠内で行使し、そして、事実に反した考慮から自由である場合だけである[46]。行政行為が文書をもって発付され、あるいは文書をもって確証される場合には、聴聞の省略には、行政手続法三九条を類推適用して[47]、原則として理由を付記しなければならない[48]。理由が付記されていない場合には、行政庁はその裁量を正当に行使したことを証明する実質的責任を負う[49]。

（46）　BVerwG, NVwZ 1984, 577 ; Clausen（注（15））, § 28 Rn. 4.
（47）　行政手続法三九条の直接適用が考慮されないのは、問題となっているのが行政行為の発付ではなく、行政行為に至る手続に関わる行為だからである。
（48）　Kopp（注（16））, § 28 Rn. 30 ; Mandelartz, DVBl. 1983, 114 ; 異説は、Clausen（注（15））, § 28 Rn. 4.
（49）　証明責任については、BVerwG DVBl. 1983, 997 (1000) も参照。

第六章　聴聞の禁止

行政手続法二八条三項によれば、重大な公共の利益を阻害する場合には、聴聞は行われない。このような利益は、防衛状態または緊迫状態[50]〔現に武力攻撃を受けているか、それが差し迫った状態〕の確認のような極端な例外状態においてのみ承認されうるのだから、この規定は、実務上はきわめて限られた意義しか有しない。

(50)　Ule/ Laubinger（注(16)）, § 24 Rn. 16；Clausen（注(15)）, § 28 Rn. 5.

第七章　聴聞の瑕疵の治癒

聴聞規定の違反は、手続の瑕疵が適当な時期に治癒されるならば、考慮されない。行政手続法四五条一項三号によれば、その前提は、必要とされる関係人の聴聞が追完されることである。とくに問題となるのは、行政手続法七九条、行政裁判所法六八条以下による、いわゆる前置手続ないし異議審査請求手続の実施による聴聞の追完である。行政行為または行政行為の実施の拒否が裁判所で争われる場合には、通常はまず前置手続を実施したが効果がなかったことが必要である。前置手続で問題となるのは第二の行政手続であり、これが同時に訴訟要件なのである。前置手続においては、行政行為または行政行為の拒否の合法性と合目的性が審査されなければならない（行政裁判所法六八条）。この前置手続は、通常、二段階で構成されている。まず、原処分庁は異議に理由があると認めるか否かを決定しなければならない。理由がある場合には、異議に対処し、費用に関して決定する（同法七二条）。原処分庁がその見解を維持する場合には、異議審査庁が決定を下す。これは直近の上級行政庁であるのが通常である（同法七三条一項一号）。前置手続は、裁判所の負担軽減や行政の自己統制に役立つだけでなく、個人の権利保護にも役立つ。なぜなら、個人は、第二の行政手続において、決定を迅速に、費用も安く、かつ包括的に審査する可能性を獲得するからである。[51]行政手続法四五条二項は、前置手続の終結までに、あるいは、前置手続が例外的に行われなかった場合には行政裁判所へ訴えが提起されるまでに、追完されることを求めている。

判例は、聴聞の追完に特別の要求を課してはいない。[52]［判例によれば］理由を備えた行政行為が、これに対して一ヵ月以内に異議を提起することができる旨の教示をもって発せられるならば、関係者は行政行為に対抗して申し立てることができるすべてのことを主張する機会を有すること、また、とくに行政行為で用いられた事実に対して意見を表明し、彼が重要と思うそれ以外の事実を述べることができること、これらを関係者に知らせなければならない。このような事情があれば、特別の指示は必要ない。いくぶん異なるのは、原処分庁および異議申立人が、異議審査庁の見解によれば決定にとって重要な事実を看過していた場合だけである［というのである］。

このような判例には疑義がある。なぜなら、これでは聴聞義務に違反しても、大抵の場合、何の制裁も受けない（sanktionslos）ことになってしまうからである。[53]関係人が意見を述べず、異議審査手続でそれ以外の事実があげられなかった場合、異議審査手続を実施したということだけで治癒を生じさせることになろう。したがって、聴聞の瑕疵に意味があるのは、関係人の主張が斟酌されなかった場合、あるいは、異議審査手続における行政庁の判断の余地が先行の行政手続におけるよりも例外的により狭い場合だけだということになろう。聴聞の権利に対する違反をこのように狭く評価することは、手続法を規範化した意味内容にふさわしくない。追完されるべき聴聞に対して、定められた事前の聴聞よりも要求されるハードルを下げることによって、聴聞の義務に違反した行政庁が得をしなければならないのはなぜなのか、理解できない。[54] 行政手続法四五条二項は、追完が許されるのは前置手続の終結「まで」であって前置手続に「よって」ではない、と述べていることも私見と一致する。それゆえ、追完がなされる場合にも、聴聞手続全体が実施されなければならない。[55] 行政庁が関係人の主張を十分に考慮しなかった場合、遅くとも異議の決定(Bescheid)においてこれがなお行われなければならない。関係人に意見を述べる機会が与えられなかった場合、行政庁は異議審査手続において関係人に付加的な機会を与えなければならない。関係人が意見を述べるかどうかを待っているだけでは十分ではない。もっとも、関係人が自分自身から異議審査手続において決定にとって重要なすべての事実を主張した場合には、行政庁の特別の指示はもはや必要ない。[56] これ以外の場合には、行政庁は、意見を述べる可能性に注意を喚起する義務を負う。

行政手続法四五条は、異議審査手続を実施する場合に、治癒のために必要とされる手続上の行為に対し、どの行政庁が権限を有するかについて規定していない。それゆえ、一般原則が適用される。救済手続(Abhilfeverfahren)の間はもっぱら原処分庁が、訴え(Rechtsbehelf)が異議審査庁に送付された後は異議審査庁が、いずれにせよ第一次的に権限を有する。[57] これに対して、連邦行政裁判所[58]は、原処分庁によっても異議審査庁によっても聴聞が追完されうるのは、羈束行為の場合に限られるとの見解を主張した。[この見解によれば] 裁量行為の場合には、これに対して、原処分庁によって追完がなされなければならない。すなわち、裁量統制は、裁量行使と必然的に同じ意味を有するのではない。異議審査庁が異議を棄却することで、裁量が合目的的に行使されたことを確認したからといって、関係者にとってもっと有利な別の裁量行使を異議審査庁は承認しなかったことが否定されるわけではない。それ故、事前の聴聞の場合に、異議審査手続においてなされたよりも関係者により有利な決定が下されることもありうる［というのである］。このような見解は説得力がない。異議審査庁は行政行為の合法性と合目的性をあらゆる観点から審査できるのであるから、[59]異議審査庁は（いずれにせよ原則的に）手続の瑕疵の治癒についても権限をもたなければならない。聴聞の正規の追完は、手続の瑕疵は考慮されない、すなわち、この時点からは、最初から存在しなかったものとみなされる、という効果を生じさせるのである。[60]

連邦政府を構成する政党の連立協定に遡る、[61]許認可手続を促進するための連邦政府の法律案[62]は、行政手続法四五条二項の改正を提案している。新しい規定は、「前項の行為は、行政裁判所の手続の終結までは追完することができる」というものである。同時に、行政裁判所法のさまざまな規定が改正される。とくに行政裁判所法一一三条一項に第五文が付け加えられ、それによれば、行政裁判所が手続または形式の瑕疵（Fehler）を理由に行政行為を廃止すべきなのは、行政庁がその瑕疵を指摘され、その瑕疵を治癒する機会が与えられていた場合に限られる。[63]連邦参議院は、この改正に原則として積極的に取り組んだ。もちろん、さまざまな修正を提案はしたが。そして、手続および形式の瑕疵は、行政裁判所の手続における最後の事実審までは治癒できるものとされた。他方では、連邦参議院は、行政裁判所の手続における手続および形式の瑕疵以外の瑕疵（Mängel）の治癒可能性についても賛成した。[64]

この法改正は、ドイツ行政裁判官連盟（Bund Deutscher Verwaltungsrichter und Verwaltungsrichterinnen）によって厳しく拒否され、[65]学説上も批判を受けた。[66]この批判に賛成すべきである。この法律改正が成立すると、行政手続は——いずれにせよ、その核心である聴聞に関する限り——完全に無価値になってしまう。上述のように、常に実質的決定が発せられる前に聴聞が行われなければならない。行政は聴聞の瑕疵を裁判手続の間に治癒してもよいのであれば、通常、行政はその立場を保持しようと努めるだろう。そうでなければ、訴訟は生じないであろう。その場合、係争中の裁判手続における「聴聞」は、実際には、もはや決定が開かれている段階で関係人の申し立てと議論する役には立たない、悪しき形式主義（Formelei）であるにすぎない。この他には、行政は、提案された規定によって、関係人を回避して速やかに決定する誘惑にかられることになろう。なぜなら、万一の手続上の瑕疵が、必要とあればいつでも事後的に除去されうるからである。[67]

聴聞は、行政手続法によって整備された従来の形式では、核心において憲法上保護されているのだから[68]、提案された法改正が憲法に適合するかどうか疑わしい。さらに、［ヨーロッパ］共同体法を執行する場合には、共同体法の一般的法原則［法の一般原則］を遵守しなければならないのであるが[69]、行政決定を発する前に市民の聴聞を行うことも、この法原則の一つなのである[70]。最後に、訴訟当事者にそれ自体としては権限のある訴えの対象をなくすような説明または行為をさせるきっかけを作る目的で一方の訴訟当事者と一面的に協議することは、裁判権の独立性と非党派性に矛盾するという想定に賛成する人も若干いる[71]。にもかかわらず、提案された法改正が断念されることを希望せざるをえない。

(51) Vgl. BVerfGE 35, 65 (76); 40, 237 (256); BVerwGE 40, 25 (28 f.); 51, 310 (314); Dolde, in: Schoch/ Schmidt-Aßmann-Pietzner, Verwaltungsgerichtsordnung, 1996, Vorb. § 68 Rn. 1.
(52) BVerwGE 66, 111 (114); 184 (189 f.); BVerwG, Beschluß vom 9. 7. 1986 und 12. 7. 1986, Buchholz 316, § 28 VwVfG Nr. 10, 11; Bonk (注(15)), § 28 Rn. 52.
(53) OVG NW, DVBl. 1981, 689 (690). 批判についてはさらに、参照、Hufen, NJW 1982, 2160 (2166); Schoch, NVwZ 1983, 249 (256); Mandelartz, DVBl. 1983, 115 f.; Ehlers, Die Verwaltung 17 (1984), 295 (311).
(54) Obermayer (注(18)), § 45 Rn. 17; Schoch, NVwZ 1983, 249 (253); Klappstein, in: Knack, VwVfG, 5. Aufl. 1996, § 45 Rn.

3.3.1.

(55) Obermayer (注(18)), § 45 Rn. 17.

(56) Obermayer (注(18)), § 45 Rn. 16.

(57) 異議審査庁が排他的権限を有するか否かについては争いがある。否定的なのは、例えば、Pietzner/ Ronellenfitsch, Das Assessorexamen im öffentlichen Recht, 8. Aufl. 1993, § 38 Nr. 4；異説は、Schoch, NVwZ 1983, 249 (255)；Kopp, Verwaltungsgerichtsordnung, 10. Audl. 1994, § 72 Rn. 2.

(58) BVerwGE 66, 184 (187 ff.).

(59) Vgl. z.B. Pietzner/ Ronellenfitsch (注(51)), § 26 I Rn. 4；§ 45 Rn. 10；§ 25 Rn. 6 ff. m.w.N.

(60) Klappstein (注(54)), § 45 Rn. 2.5；異説は、Kopp (注(16)), § 45 Rn. 6.

(61) Vgl. die Nachweise bei Redeker, NVwZ 1996, 521 m. Fn. 4.

(62) Bundestags-Drucksache 13/ 3995 (Art. 1 Nr. 3).

(63) BT-Drs. 13/3993 (Art. 1 Nr. 13). 政府草案では、まだ「すべき (soll)」ではなく「してよい (darf)」と述べられている。法律草案の現在の構文は、連邦参議院の議決と、連邦参議院の態度表明に対する連邦政府の反論に対応している (BR-Drs. 30/96, Art. 1 Nr. 13；BT-Drs. 13/4069, zu Nr. 13)。

(64) Redeker, NVwZ 1996, 521 (522 f.) の報告を参照。

(65) 連邦は、裁判所は「行政の修理業者」になるだろうと述べている。Vgl. Redeker, NVwZ 1996, 521 (522).

(66) Stelkens, DVBl. 1995, 1105 (1108)；Gerhardt, in Schoch/Schmidt-Aßmann-Pietzner, Verwaltungsgerichtsordnung, 1996, § 113 Rn. 109；Redeker, NVwZ 1996, 521 (522 f.) 行政裁判所法の改正に総じて批判的なのは、Stelkens, NVwZ 1996, 325 ff.

(67) Redeker, NVwZ 1996, 521 (523) も参照。そこでは、法的聴聞を侵害しても結果に影響しないことを知っている行政庁は、しばしば面倒で時間のかかる義務を怠り、放棄するだろう、と述べている。

(68) 第二章の説明を参照。

(69) Vgl. dazu Ehlers (注(22)), § 3 Rn. 51.

(70) 共同体法では、法的聴聞の原則は、一般的法原則（法の一般原則）の一つである。それによれば、関係者は、原則として、自分の負担になる決定に至る可能性のある手続の過程で、それゆえ決定が発せられる前に、意見表明の機会を与えられなければならないのである、参照、EuGH Rs. 26/63 (Pistoj), Slg. 1964, 735 (762)；EuGH Rs. 85/76 (Hoffmann-La Roche), Slg.

1979, 461 (511 f.); EuGH Rs. 234/84 (Meura), Slg. 1986, 2263 (2289); vgl. auch Schwarze, Europäisches Verwaltungsrecht, Bd. II, 1988, S. 1275 ff., 1307 ff.

(71) Vgl. auch Redeker, NVwZ 1996, 521 (523).

第八章　聴聞の瑕疵の効果

必要な聴聞が行われず、かつ実効的に追完されなかったために、回復不能な聴聞の瑕疵が存在する場合であっても、このことはまだ、行政行為ないし行政行為の拒否が裁判所で取り消されるべきことを意味するものではない。すなわち、行政手続法四六条によれば、実質において異なる決定がなされなかったであろう場合には、行政行為の取消を求めることはできない[72]。このことは一般に、手続の瑕疵は行政に判断の余地がある場合と裁量行為の場合にのみ考慮される趣旨であると解されている[73]。このような場合、裁判所の審査密度（Kontrolldichte）は緩和される。なぜなら、裁判所は、行政決定を完全に審査することは許されないからである。関係人の聴聞をしていれば行政が異なる実質的決定を行っていたこともありえないわけではないのだから、裁判所は、関係人によって攻撃された実質的決定を取り消さなければならない。これに対して、羈束行為、すなわち、行政に形成の余地のない決定が問題となる場合には、裁判所は、その事案をいかなる制約もなしに自ら完全に決定することができる。その際、手続の瑕疵（Mängel）は問題とされるべきではない。行政行為が実体的に適法である場合、違反された手続規定が考慮された場合でも、実質において異なる決定がなされることはありえないであろう[74]。立法者は、実質的に正当な行政行為が手続の瑕疵のみを理由として取り消されること、とくに同一内容の行政行為を直ちに再度発付できることになり、関係人には裁判所で法律上の聴聞が認められなければならないことを排斥しようとしたのである。(75) 興味深いことに、社会法典は、行政手続法四六条の規定を受け継いでいない。むしろ、社会的給付行政の領域では、行政による聴聞規定の違反はすべて重大であり、常に行政決定の取消につながるのである。(76)

行政手続法四六条の瑕疵の規定は、行政手続の瑕疵をきわめて広範に制裁のない状態に置くものであるため、学説の批判を浴びることになった。(77) 例えば、羈束行為の場合にもきわめて不確定な法概念の適用が問題となりうることが指摘されている。(78) 例えば、子どもまたは青少年を「道徳的な危険にさらす」内容をもった図書は、リストに載せられなければならないが、［リストへの掲載は］図書の頒布が制約されるという効果を伴う。(79) しかし、このような場合、あるいは類似の場合、唯一の正しい決定がありうるというのは、擬制（フィクション）だと考えられるべきであろう。したがって、事実上手続に左右される程度の高いこのような羈束的な行政行為の場合にも、絶対的な取消事由が存在しなければならないであろう。(80) この批判に賛成すべきである。しかしながら、このことは、行政手続法四六条の憲法適合性を変更するものではない。

行政手続法四六条は、行政裁判所法一一三条一項一文とも一致していると考えられている。(81) この行政裁判所法の規定によれば、行政裁判所が行政行為と万が一の異議を取り消すのは、行政行為が違法であって、かつ、原告の権利が侵害されている場合である。一部には、行政手続法四六条は確かに違法性を除外していないが、(82) 権利侵害を除外しているとするものもある。(83) そのほかに、行政手続法四六条は、権利侵害を何も変更しないが、しかし行政行為の取消請求権を消滅させると解されている。(84) これら二つの規定は、結果的に調和することになる。行政裁判所法一一三条一項一文と同じく、同法一一三条五項も、行政庁が義務づけ訴訟で行政行為の発付または再決定（Neubescheidung）の判決を下されるのは、手続の瑕疵が存在し、かつ、実質において異なる決定がなされなかったであろうという場合だけである、と解釈されるのである。

(72) 連邦政府によって提出された許認可手続を促進するための法律の草案（BT-Drs. 13/ 3995；Art. 1 Nr. 4）は、行政手続法四六条の後半を、「その違反が実質において決定に影響を及ぼさないことが明らかである場合には」、と変更すると定めている。連邦参議院は別の構文を望んでいる。

(73) BVerwGE 61, 45 (50)；65, 287 (289)；Sachs, in：Stelkens/ Bonk/ Sachs, Verwaltungsverfahrensgesetz, 4. Aufl. 1993, § 46 Rn. 30；Kopp, NVwZ 1992, 903；ders.（注（16））, § 46 Rn. 30.

(74) Sachs（注（73））, § 46 Rn. 29；Kopp（注（16））, § 46 Rn. 28.

(75) Bettermann, in：Stödter/ Thieme (Hrsg.), Hamburg, Deutschland, Europa, Festschrift Ipsen, 1977, S. 275 f；Schenke, DÖV 1986, 305 ff., 314；Ule/ Laubinger（注（16））, § 58 Rn. 23.

(76) 注（14）参照。

(77) 全体について詳しくは、Hill, Das fehlerhafte Verfahren und seine Folgen im Verwaltungsrecht, 1986, S. 113 ff.；ders. NVwZ 1985, 449 (454)；Hufen, Fehler im Verwaltungsverfahren, 2. Aufl. 1991, Rn. 622 ff.

(78) Klappstein（注（54））, § 46 Rn. 4.3.

(79) 青少年に有害な図書の頒布に関する法律一条。

(80) OVG NW, NWVBl. 1989, 250 (252 f.)；Pietzcker, VVDStRL 41 (1983) 193 (223 ff.)；Kopp（注（16））, § 46 Rn. 29；異説は、Ule/ Laubinger（注（16））, § 58 Rn. 23.

(81) この問題はとくにラントの行政裁判所法について提起される。なぜなら、ラントの立法者は、連邦法の規定である行政裁判所法一一三条一項一文に矛盾することは許されないからである。

(82) このことは行政手続法五九条二項二号から一義的に明らかである。

(83) Vgl. etwa BVerwGE 65, 287 (290)；Krebs, DVBl. 1984, 109 (111)；Messerschmidt, NVwZ 1985, 877 (880).

(84) Schenke, DÖV 1986, 305 (307 ff.)；H. Meier, NVwZ 1986, 513 (520 f.)；Hufen, DVBl. 1988, 69 (75)；Obermayer（注（18））, § 46 Rn. 20.

第九章　ま と め

総括的に確認できることは、ドイツ連邦共和国においては、行政手続における聴聞が行政行為が発付されるよりも前に必要とされるのは、判例の見解に基づけば、一般に、現在の状態をマイナスの状態に変化させる場合だけである。また、裁判所は、手続の瑕疵の治癒をきわめて広い範囲で認めている。もはや治癒不可能な手続違反が存在する場合でも、実質において異なる決定がなされなかったであろうという場合には、この手続違反は考慮されない。ここで主張した考え方によれば、行政は関係人に、授益的行政行為を拒否する場合にも、原則として意見表明の機会を与えなければならない。さらに、聴聞の瑕疵の治癒に対しては、より厳格な要求が課されなければならない。

ドイツにおける個別事案の決定についての「聴聞のレベル」を、アメリカにおけるそれと比べてみると、類似点と相違点が明らかになる。状況が似ているのは、アメリカにおいても、――特別法が異なる定めを置いている場合は別として――聴聞が必要とされるのは、原則として自由と財産[85]への介入がなされる場合だけであるという点である[86]。けれども、そのような介入が存在するのは、すでに与えられていた特典を再び取り上げる場合だけではなく[87]、行政庁が法律で定められた特典を申請人に与えないことにしようとする場合も［介入が存在する］のである。法律上はいかなる規定も存在しない場合でさえ、特典を与えないことが場合によっては聴聞義務を生じさせることもありうる。それゆえ、アメリカ連邦最高裁判所は、一年契約で雇用され、継続的雇用を待ちこがれている大学教師に対して、継続的雇用の拒絶がこの教師に「烙印その他の無能力（a stigma or other disability）」を負わせる場合には、聴聞が必要であると判示した。[88] 聴聞の際に考慮されるべき形式に関しては、アメリカ行政法はドイツ行政法に傾向として優越している。[89] しかし、とくに、手続の瑕疵は常に考慮される。実質的決定がなされたならば、手続の瑕疵の治癒ももはや問題にならない。他方では、ドイツの行政法は、アメリカ行政法とは反対に、前置手続というかたちの第二の行政手続を通常は自由に使わせている。この行政手続では、行政決定の合法性と合目的性がもう一度完全な範囲で審査される。関係人が、意見を述べる十分な機会がなかったと考えるときは、発言を求めるために第二の行政行為を利用することができる。最後に考慮されるべきなのは、裁判所の審査密度は、ドイツの方がアメリカよりも進んでいるといってよいと思われることである。なぜなら、ドイツの裁判所は、アメリカの裁判所よりも強力に、行政決定の実体的適法性を審査するからである。[90] こうしてみると、アメリカ法は手続を自己目的とみなす傾向にあるのに対して、ドイツでは目的のための手段である、というテーゼが確認される。言い換えれば、アメリカ法が行政手続を過大評価する傾向があるのに対して、ドイツ法は過小評価する傾向があるのである。

(85) アメリカ合衆国においても、財産権（property rights）は国家によって規定される。財産上の権利ないし利益には、例えば、「公的な裁決を受ける資格（Entitelment to public adjudication）」も含まれる（Goss v. Lopez, 419 U.S. 565, 1975）。

(86) ドイツ法について参照、BVerwG, DVBl. 1992, 564；Ehlers VVDStRL 51, 1992, 211 (214 m. Fn. 9)；Wahl, in：Bender/Breuer/Ossenbühl/Sendler (Hrsg.), Rechtsstaat zwischen Sozialgestaltung und Rechtsschtz. FS Redeker, 1993, S. 245.

(87) Vgl. grundlegend Goldberg v. Kelly, 397 U.S. 254 (1970). Ferner Morrissey v. Brewer, 408 U.S. 471 (1972).

(88) Board of Regents v. Roth, 408 U.S. 564 (1972), S. 573. この判決が一般化されうるか否かは明らかではない。連邦の多くの下級審裁判所はそうしている。Siegert v. Gilley, 500 U.S. 226 (1991) において、連邦最高裁判所は、政府の被雇用者に対する行政庁の否定的表明について、デュー・プロセスの要請から損害賠償を導くことを拒否した。それに応じて、連邦最高裁は、聴聞権をも不要とみなしているように見える。Vgl. auch City of Kenosha v. Bruno, 412 U.S. 507 (1973).

(89) このことは、給付の拒絶との関連で聴聞が問題となっている場合には、あてはまらない。Vgl. auch Mathews v. Eldrige,

424 U.S. 319 (1976). 連邦最高裁判所は、この判決で、社会的扶助の受給者が社会的扶助給付の時間的限界の後に聴聞されたことで十分であるとした。

(90) Vgl. dazu Ehlers, Verwaltungsarchiv 84 (1993) 139 (169 f.).

基本法一〇三条

(1) 裁判所においては、何人も、法律上の聴聞(審問＝Gehör)を請求する権利を有する。

……

行政手続法二八条〔関係人の聴聞〕

(1) 関係人の権利に介入する行政行為を発付する前に、決定にとって重要な事実について意見を述べる機会を、関係人に与えなければならない。

(2) 個々の事案の状況によれば聴聞が必要とされないときは、聴聞を省略することができる。とくに、

1 危険が差し迫っているため、または、公共の利益のため、即時の決定が必要であると認められるとき。

2 聴聞を行うことによって、決定について定められた期限の遵守が困難になるとき。

3 申請または説明において関係人がなした事実の主張から、その不利益になるかたちで逸脱しないとき。

4 行政庁が一般処分または大量の同種の行政行為を発付しようとするとき、または、自動装置を用いた行政行為を発付しようとするとき。

5 行政執行における措置を行うとき。

(3) 聴聞が重大な公共の利益を害するときは、聴聞を行わない。

行政手続法四五条〔手続および形式の瑕疵の治癒〕

(1) 手続規定または形式規定の違反のうち、第四四条によって行政行為を無効とするものではないものは、次の場合は考慮されない。

……

3 必要とされる関係人の聴聞が追完されたとき。

……

(2)【旧規定】前項第二号から第五号の行為は、前置手続の終結まで、または、前置手続が行われなかったときは行政裁判所に訴えが提起されるまでに限り、追完することができる（dürfen)。

【現行規定】前項の行為は、行政裁判所の手続の最終事実審が終結するまでは、追完することができる（können)。

行政手続法四六条〔手続および形式の瑕疵の治癒〕

【旧規定】第四四条により無効とされない行政行為については、実質において異なる決定がなされえなかったであろうという場合には、手続、形式または地域的管轄権に関する規定に違反して成立したという理由だけをもって、その取消を求めることはできない。

【現行規定】第四四条により無効とされない行政行為については、その違反が実質において決定に影響を及ぼさないことが明白である場合には、手続、形式または地域的管轄権に関する規定に違反して成立したという理由だけをもって、その取消を求めることはできない。

公共企業体法

Das Recht der öffentlichen Unternehmen

山内惟介 訳

目次

第一章　公共団体による経済の操作
第二章　国家による経済活動の正当性
第三章　基準となる法源
第一節　国際法
第二節　ヨーロッパ共同体法
第三節　ドイツ国内法
第四章　概念的明確化
第五章　国家に固有の経済活動の事実的規模
第六章　国家に固有の経済活動の目標設定
第七章　国家に固有の経済活動の組織
第八章　リスクの限定
第九章　民間による経済活動に対する関係
第一節　制定法
第二節　憲法
第三節　ヨーロッパ共同体法
第一〇章　領域上効果が及ぶ範囲
第一一章　民営化および民営化の続行に関する法
第一二章　結論

第一章　公共団体による経済の操作

国家は自国の国民経済に対して根本的な関心を抱いている。その理由は、人間の生存、住民の貧困や繁栄、国家の責務に関する資金調達の可能性、これらが全面的に国家に依存しているという点にある。このことから、国家が経済を放置することはできないという帰結を引き出すことができる。経済のプロセスに影響を及ぼす上で、国家が利用できる可能性は二つある。そのひとつは、国家が経済活動の実施を民間の活力に委ねた上で、種々の望ましい目的を達成すべく、経済に関わる立法や行政を通じて民間の行動を規制し、またその他のやり方で民間の行動に影響を及ぼすことである。もうひとつは、国家が固有の経済活動を行うこと、つまり、事業者として市場でのできごとに参加することである。以下では、原則として、後者の形式での国家による活動のみを取り上げることとする。

第二章　国家による経済活動の正当性

国家が登場して以来、国家は事業者としてふさわしいか否かという問題が提起されてきた。この点は今なお依然として争われている。この問いに対する解答は、国家の責務をどのように設定するか、国家の活動範囲を社会の活動範囲からどのように区切るか、国家の成果達成能力および民間による経済活動の目標達成能力を基本的にどのように評価するか、また最終的なものではないが、政治的・経済的な判断をどのようにして行うかといった諸点についての考え方に依存している。西洋の学術文献では、国家固有の経済活動に対して懐疑的な見方が優勢である。たとえば、すでにイギリスの社会科学者アダム・スミスが、支配者としての性質と商人としての性質ほど互いに相容れないものは他にはないという見解を主張していたし[1]、ドイツの法学者ローレンツ・フォン・シュタインは国家を、事業を指揮することを任されてもいないしその能力も持たない、しかも愚鈍で金のかかる装置であるとみなしていた[2]。しかしながら、これらの評価があてはまるとしても、ある種の公共的な経済活動がいつでも存在していたとか、特に緊急時（たとえば戦時中または戦後）や根本的なインフラ部分の整備（たとえば鉄道の敷設）に際して、公共企業体が重要な役割を果たしていたとかということをいうために、評価の視点を置き換えてはならない。また、民営化でいつでも肯定的な経験が得られるわけでもない。今日の経済学の文献は、それゆえ、通例、どちらがよいかという二者択一を避け、それでいて、たいていの場合には国家の市場参加という可能性よりも国家による規制という可能性を優先しようとし[3]、そして、追求されているさまざまな目標が民間による経済活動によっては少なくともさほど十分に達成され得ないような場合に限って、国家の参加を許容しようとしている。

それと同時に、選択肢は国家による経済活動か民間による経済活動かという点だけではないことも考慮されなければならない。むしろ、両者の緊密な協力がどのようになされるべきかという点も考慮されている。たとえば、国家は、市場経済についての専門的知識、資金力またはその他特別の適性を有する民間人を国家の責務遂行の過程に取り入れることにより、国家はこれらを自分の利益のために利用することができる。基本的な形式として用意されているのは、担保を伴う貸付と行政救済である。前者の場合には、民間人が公法上の行為という方式で独立して（自己の名において）行政の責務を遂行する[4]（このことは法律上の根拠に基づく行政庁への併合によってのみ許される）が、後者の場合には、民間人は、契約関係を形成することによって、国家の責務に取り入れられることになる（このことは、支配的見解によれば、独立性を要求している[5]。特に、行政救済を行う者は、こんにち、まったく見通しが効かないほど多くの事案において、国家の責任を果たす準備をしたり実行したりする過程に取り込まれている。一方では、民間人が固有の事業施設を設けて融資し、国家による行政が求める諸基準の枠内で独立して活動している。他方では、国家行政機関は当該施設の所有者や運営者であるにとどまり、運営業務のみを民間事業者に委ね、当該民間事業者が行政の指示に従って行動し、その給付に対する報酬を得ている。さらに、国家と民間による経済活動が相互に協力し合うやり方として、両者が共同して事業――一部では官民パートナーシップとも呼ばれている――を設立するもの[6]や、そうした事業に参加するものがある。最後に、国家は経済活動の実施を全面的に民間に委ねるが、それでいて、国家が影響を及ぼす特別の可能性を留保するということも考えられる。その例として挙げられる分野は郵便と遠距離通信であろう。ドイツ基本法第八七条および第八八条によれば、連邦は、これらの分野の（これまでに広範囲にわたって実現されている）民営化にあたって、ドイツ全土をカヴァーする適切かつ十分なサーヴィスを保障する義務を負っている。それゆえ、たとえば、遠距離通信法典（Telekommunikationsgesetz）によれば、国家は、遠距離通信事業者に対して、国土の全域にわたって、当該事業それ自体につき利用者が料金を事業者に対して支払わなければならないような、しかるべきサーヴィスを提供する義務を課している[7]。

（1）　*Smith*, The Wealth of Nations, 5. Aufl. 1789, 5. Buch, S. 113.

（2）　*Lorenz v. Stein*, Lehrbuch der Finanzwissenschaft, 5. Aufl. 1885, 2. Teil 1, S. 208 f.　参照されるのはこのほか *Gersdorf*, Öffentliche Unternehmen im Spannungsfeld zwischen Demokratie- und Wirtschaftlichkeitsprinzip, 2000, S. 489 である。これによれば、公共団体は良き事業者たり得ない。というのは、公共団体では、太い角材のような民主主義原則があるため、「や

かましい要求」が突き付けられて社会の不経済性がもたらされるために、マイナスの結果が生じているからである。

（3） 参照されるのは、*Löwer*, VVDStRL 60 (2001), 416 (429 mit Fn 61) における証明である。

（4） 担保を伴う貸付という概念について参照されるのは *Burgi*, in：Erichsen/Ehlers (Hrsg.), Allgemeines Verwaltungsrecht, 12. Aufl. 2002, § 54 Rn 24；Maurer, Allgemeines Verwaltungsrecht, 15. Aufl. 2004, § 23 Rn 56. 担保を提供して貸付を受けた者の行動は行政上の責務の内容に応じて相当に異なっている。たとえば、兵役代替のための社会奉仕勤務者の世話、文書類の正式の送達、放射性廃棄物の最終貯蔵施設の建設、兵営の監視、これらの場合がそうである。この点について参照されるのは、*Voßkuhle*, VVDStRL 62 (2003), 267 (301 f.) である。

（5） 参照されるのは、*Ehlers*, Die Erledigung von Gemeindeaufgaben durch Verwaltungshelfer, 1997, S. 18 ff.；*Burgi*（注（4））、§ 54 Rn 31 f.；*Remmert*, Private Dienstleistung in staatlichen Verwaltungsverfahren, 2003, S. 259 ff., 350 ff. これらである。

（6） 参照されるのは、*Stober*, in：Wolff/Bachof/Stober, Verwaltungsrecht, Bd. 3, 5. Aufl. 2004, § 92 Rn 31 である。

（7） 全域にわたるサーヴィスを行うことは世間に対するサーヴィスとして最低限の要請である。全域にわたるサーヴィスをするためには一定の質が保障されなければならず、すべての末端のサーヴィス利用者が居住地や購入地と無関係に手が届く値段で当該サーヴィスにアクセスできなければならないし、世間に対するサーヴィスの提供は基本的な扶助として無条件になされなければならない（遠距離通信法第七八条第一項参照）。

第三章　基準となる法源

第一節　国際法

経済一般がそうであるように、公共経済も、こんにち、もはや国家法のみによって影響を受けるだけでなく、国際法およびヨーロッパ法からも影響を強く受けている。国際的な次元では世界貿易機関法（WTO法）が重要になっている。というのは、一九九四年の関税と貿易に関する一般協定（一九九四年ガット）、サーヴィス貿易に関する一般協定（GATS）ならびに知的所有権の貿易的側面に関する協定（TRIPS）、これらの形式で、個別分野を越えた重要性を有する諸規定が設けられているからである。関税と貿易に関する一般協定とサーヴィス貿易に関する一般協定とは国境を越えるあらゆる経済分野における商取引のための基本原則を定めている。

第二節　ヨーロッパ共同体法

ヨーロッパにおける経済法は、以前よりもずっと強く、ヨーロッパ共同体法により形成されている。ヨーロッパ共同体法が飛び抜けた重要性を有するのは、ヨーロッパ共同体法が加盟国国内法より優先して適用され[8]、かつ、規律の網の目が一層緻密になってきているからである。すでに条約法の中に、経済関係の形成に関して確定済みの一般的および分野別の諸基準が盛り込まれている。そのほか特に挙げられるのは、加盟諸国間での物品、人、サーヴィスおよび資本の自由移動を保障する基本的自由権規定[9]および競争法規定、それに、補助金に関する規定[10]である。これらに加えて、共同体法それ自体も立法活動を行うことができるし、現にたくさんの立法活動を行ってきた。

第三節　ドイツ国内法

ドイツ憲法は国家による経済活動に関してごく散発的な特別規定しか知らない。それでも、国家の一般的な義務づけ（特に権限に関する規定、基本権への拘束、それに民主主義原則と法治国家原則）は、国家による経済活動に対して決定的な影響を及ぼしている。国家による経済活動に関する詳細な規定は連邦およびラントのそれぞれの法律中に見出される。

（8）基本的なものとして、EuGH, Slg 1964, 1251 (1269 f.) - *Costa/ENEL.*

（9）ヨーロッパ共同体条約第二三条以下。この点について詳しくは、*Ehlers* (Hrsg.), Europäische Grundrechte und Grundfreiheiten, 2. Aufl. 2005, §§ 7-13.

（10）ヨーロッパ共同体条約第八一条以下。

第四章　概念的明確化

何を公共企業体と考えるべきかを決めることは容易ではない。現行法は公共企業体について統一的概念を知らない。それでも、組織的形態について特別の要件を設ける必要はない。言い換えれば、公共企業体概念の解釈は制度がどうなっているかに着目するのではなく、どのように機能しているかを考慮して行うべきである。必要なのは、経済生活への参加の有無である。この判断基準に従って、ヨーロッパ裁判所は、確定の判例として、経済的活動を行うすべての構成単位を公共企業体とみなし、それぞれの法形式や資金の出所の態様を顧慮していない[11]。民間事業者が利潤獲得の意図をもって経済活動を営むときも、公共企業体による経済的活動が存在するとされている[12]。こうした広範に及ぶ試みを根拠として、国家によるほぼすべての給付行政が公共企業体の経済活動という範疇に分類されている。というのは、学校、劇場および美術館でさえも、民間人により利潤獲得の意図をもって営まれる余地があるからである。これと異なるのは、提供された製品やサーヴィスが市場で販売されていない場合、すなわち、民間人によりまったく提供されておらずかつ機能に着目した経済的考察方法によっても民間人により提供されているとみなすことができない場合だけである。ドイツ国内法は、部分的に、明らかに文化的または社会的な行動様式を公共経済に関する法から除外している。(13)

公共企業体に分類するためには、当該の事業主体が国家と結び付いていなければならない。国家の概念は広義で捉えられており、公共団体という用語と同視されている。連邦およびラントと並んで、公法上のその他の法人もまた、それらが国家に関する諸領域に根ざす限り、国家という概念に包摂されている。ヨーロッパ共同体法は、個々の事業主体に対して、所有権、財政的関与、当該事業活動を規律する定款またはその他の規定、これらを根拠にして直接または間接に支配的影響を及ぼすことのできる事業主体をすべて公共企業体とみなしている。(14) 支配的影響があると推定されるのは、公共団体が当該事業主体の、表示された資本金の過半数を直接もしくは間接に保有するかまたは当該事業の持ち分と結び付けられた議決権の過半数を意のままにできるかまたは当該事業主体の管理機関、指揮監督機関もしくは監査機関の構成員の半数を超える人数を占めている場合である。(15) それゆえ、民間人が参加している事業主体であっても、子会社であっても、この概念に含まれることとなる。このため、ドイツでは、公共団体のみによって遂行される公共企業体は、公共団体と民間による経済活動との共同によるという点で異なる特徴を有する混合経済事業体から、しばしば区別されている。後者の形態は、国家が持ち分の過半数を有する場合でさえも、それだけですぐに、国家の領域に分類されるわけではない。

(11) 基本的なものとして、EuGH, Slg 1991, I-1979 (Rn 21) - *Höfner u. Elser*; ferner z. B. EuGH, Slg 1997, I-7119 (Rn 21) - *Job Centre*; EuGH, EuZW 2002, 25 (26) - *Ambulanz Glöckner*.

(12) 参照されるのは、たとえば、EuGH, Slg 2000, I-6451 (Rn 75) - *Pavlov*; たとえばドイツ法では、ノルトライン・ヴェストファーレン州地方自治規則第一〇七条第一項第三文、これによれば、物やサーヴィスの製造者、提供者または供給者として市場で活動する事業経営体は、その給付が、態様上、利潤獲得の意図をもって民間により行われる可能性がある限り、経済的活動をなすものとみなされる。

(13) この点について詳しくは、*Ehlers*, Empfiehlt es sich, das Recht der öffentlichen Unternehmen im Spannungsfeld von öffentlichem Auftrag und Wettbewerb national und gemeinschaftsrechtlich neu zu regeln?, Gutachten E zum 64. Deutschen Juristentag, 2002, S. 26 f.

(14) Art. 2 S. 1 RL 80/723/EWG（透明性確保に関する指令）、ABl EWG 1980 Nr. L 195/35, これを最終的に変更したものとして RL 2000/52/EG, ABl EG 2000 Nr. L 193/75.

(15) 透明性確保に関する指令第二条第二文。

第五章　国家に固有の経済活動の事実的規模

ドイツの公共経済がどのくらいの規模に達するかを厳密に確定することはできない。それは、信頼できる、統一的な基準や定義に準拠した包括的な統計がないことによる。連邦統計局のデータによれば、国家予算のうちで経済活動に基づく歳入は二〇〇〇年に三四四億ドイツマルクに達していた[16]。この額は前年のそれを下回っていた。公共経済に関するヨーロッパ中央連盟（Europäischer Zentralverband der öffentlichen Wirtschaft：CEEP）の調査によれば、一九九五年末には一六〇万人が公共セクターの事業主体で働き、価値創出全体の一〇%および設備投資総額の一四%を稼ぎ出していた。[17] 国家全体に対する比率でみると、ドイツ連邦共和国は他の西側諸国との比較において中位に位置している。一般に、公共セクターの持ち分はヨーロッパ連合諸国の中では下位にある。このように、従業員の比率、価値創出比率および固定資本組成比率、これらを前提とすると、公的資本保有において少なくとも過半数を占める非農業系の、市場で決定される事業の割合は、一九九五年の一〇・四％から一九九九年の八・九％へと減少している。[18]

連邦とラントは以前から民営化政策を進めてきている。たとえば、連邦は、たいていの場合、すでにかなり前から規模の大きい産業コンツェルン（VEBA (Vereinigte Elektrizitäts- und Bergwerks-AG)（エネルギー国営コンツェルン）、Viag (Vereinigte Industrieunternehmen AG)（工業会社）、VW（自動車コンツェルン）、Saarbergwerke（石炭コンツェルン）、Salzgitter（鉄鋼コンツェルン））や、ルフトハンザのような事業を全面的に国家機構から切り離してきた。こんにち支配的地位を占めているのは、それらの後継事業主体たるドイツ鉄道やドイツ郵便とそれらの関係機関である。それだけでなく、ドイツ郵便の後継事業主体はすでに広範囲にわたって民営化されている。ドイツ鉄道の民営化は現在試みられている。ラントの経済的活動への参加は、（ラントの参加者数が連邦のそれよりもはるかに上回っているのに）総じてさほど明確にはなっていない。ラントの銀行や見本市事業・交通事業には、ほぼ例外なく、特別の重要性が認められている。

公共的経済活動の中心は、こんにち、地方自治体経済に置かれている。それゆえ、以下では、地方自治体経済をも考慮の対象とすることとしよう。公共的経済活動に関するヨーロッパ中央銀行（Europäische Zentralbank der öffentlichen Wirtschaft（CEEP：Centre Européen des Entreprisesà Participation Publique）の評価によれば、ドイツにはおよそ三五〇〇の地方自治体事業があり、五三万人が働いている。[19] 地方自治体事業は住民に対して大規模に電気、ガス、熱エネルギー、水を供給している。これらの事業は汚水除去・廃棄物経済に従事し、交通事業者として登場し、貯蓄銀行の形態で、住民の貨幣経済・信用経済の供給に際して指導的な役割を果たしている。このほか、地方自治体はその他、ほとんどすべての、生活に必要なものの供給分野でも活動している。

(16) Statistisches Bundesamt (Hrsg.) Statistisches Jahrbuch 2001 für die Bundesrepublik Deutschland, S. 503.
(17) 参照されるのは、*Storr*, Der Staat als Unternehmer, 2001, S. 11. である。
(18) 公共的経済活動に関するヨーロッパ中央銀行（CEEP）の指数について参照されるのは、*Hellermann*, in : Schader-Stiftung (Hrsg.), Die Zukunft der Daseinsvorsorge, 2001, S. 78 (81).
(19) 数値データについて参照されるのは、*Storr*（注(17)）、S. 14 ff. である。

第六章　国家に固有の経済活動の目標設定

公共企業体の活動範囲を決定するものは第一にその目標設定である。地方自治法では、ドイツの各ラントの市町村に関するすべての法規が、表現上多少の違いこそあれ、公共目的が地方自治体という経済事業主体を正当化したり必要としたりするものでなければならない旨、規定する。[20] 別の表現をすれば、経済的活動はそれが自己目的であってはならず、公共の利益を満たす手段であり、地方自治体という事業主体に対してこの利益を満たすための道具としての機能が認められている。公共の利益という言葉の意味内容をほかの言葉で書き換え尽くすことはできない。挙げられるのは、たとえば、住民に対するあらゆる種類の物品の供給、秩序だったゴミ処理の確保、低い物価水準の保障であり、これに類するものはほかにもある。一部で、裁判所や学術文献が主張している見解によれば、当該事業主体はその給付を通じて直接に当該市町村住民の利益に奉仕するものでなければならない。[21] その意味するところを別の例で言い換えると、積極的な雇用措置や市場での競争関係への影響を通じて失業を克服することは公共企業体の目標としては許されないということになる。[22] しかしながら、このような意味的限定を現行法から取り出すことはできない。それでも、地方自治法では、おそらく、純粋に経済的収益を考えた目標設定は公的な目的ではないという点について一致がある。[23] 争いがあるのは、純粋の経済的収益の排除が法律によってのみならず憲法によっても禁止されているか否かという点である。[24] この論点については肯定説を採らなければならない。というのは、基本法の財政秩序に基づくと、資金の獲得は原則として租税という手段に留保されるべきだからである。それは、公共団体に対して純粋の経済的収益活動を許してしまえば、国家権力の担い手すべてに対していくら公共の利益の実現を義務づけても、拘束的効果はまったくなくなるからでもある。金を稼ぐという意図が目標設定として十分なものとみなされるとすれば、公共的経済活動はもはや民間による経済活動と区別することができない。そうすれば、公共団体は経済の領域で自由を得ることになろう。しかしながら、そうした事態は憲法にまったく沿うものではない。それゆえ、憲法は地方自治体に対してもその他すべての国家権力の担い手に対しても純粋の経済的収益活動を禁止しているということが前提とされなければならない。[25]

公的な目的への拘束を中身のない形ばかりの約束にとどまらせないようにしようとすれば、目的を明確に決定し、操作に役立つよう厳密に規定することを通して、公共的経済活動がしっかりと決められ、きちんと測定されるようにしなければならない。特に市町村に関する法規にはこの点に関して数年前から一連の基準が含まれている。[26] たとえば、公共企業体は当該事業主体の定款を通じて、厳密に書き換えられた公的な目的に合わせて調整されなければならない。[27] このほか、多くのラントでは、公的な目標設定の遵守および公的目的の達成に関する情報が行政機関、国民代表および住民に対して提供されるよう、報告書制度が導入されている。[28] さらに、ヨーロッパ共同体法は、それが適用される場合、公的な目的を正確に規定することを強制している。

収益のみを獲得しようとする努力を禁止することは、むろん、利潤を伴うことまで排除するものではない。しかしながら、原則として、利潤の獲得は、そのことを通じて公的な目的の充足が侵害されないときに限られている[29]。たとえば、公的な目的が輸送手段の提供というサーヴィスをもたらすことにのみ置かれているときは、利潤を獲得してもよい。これに対して、輸送上の給付を適切な価格で提供することが問題となっており、しかもその価格が支出分をカヴァーしていないときは、事業主体は赤字を我慢しなければならない。このことは多くの分野にあてはまる。たとえば、公的な旅客輸送やプールおよび劇場の運営では、通例、損失に「慣れっこ」になっている。

最後に、純粋に収益を目指した活動も、法的に正当性を与えられた問題に関する責務を果たす機会が与えられる場合、それが付随的になされるのであれば、行われてもよい[30]。たとえば、公共企業体は特にそうでなければ利用されないままの潜在的経済力を利用する権限を付与されている。これに含まれるのは、たとえば、バスおよび地下鉄の広告用スペースの賃貸とか、地方自治体において当該地方自治体のために開発されているソフトウェアのためのライセンス売却とかである。必然的なものではないが、さほど経済的重要性を持たない、当該自治体にとって周縁部分の利用が問題となる場合もある。このことは、エネルギー供給事業主体が、一〇億ユーロの規模にも及ぶ、負担の重い営業免許使用料の徴収と引き換えに、供給用配線を周縁部分に移設するため、市町村・郡部の道路が利用されるという例が示すとおりである。

(20) 参照されるのは、たとえば、ノルトライン・ヴェストファーレン州地方自治規則第一〇七条第一項第一号である。
(21) 参照されるのは、VerfGH Rh-Pf, DVBl. 2000, 992 (994); OLG Hamm, NJW 1998, 3504 (3505). 参照されるものとして、こ

のほか BVerfGE 61, 82 (107) がある。

(22) たとえばこの点を明示しているものとして、OLG Düsseldorf, GewArch 2001, 370.

(23) たとえば、すでに、唯一の目標が収益獲得であるときは、市町村に対して経済活動を行うことはまったく許されないという公式理由書が一九三五年のドイツ地方自治規則（Gemeindeordnung）を生み出した。

(24) 憲法上の禁止に反対するものとして、たとえば、*Böckenförde*, VVDStRL 60 (2001), 593 (594).

(25) そのようなものとしてここではたとえば、*Henneke*, Nds Vbl 1998, 273 (280 f.) ; *Hösch*, Die kommunale Wirtschaftstätigkeit, 2000, S. 82 f. ; *Selmer*, in : Stober/Vogel (Hrsg.), Wirtschaftliche Betätigung der öffentlichen Hand, 2000, S. 88 ; *Löwer*, VVDStRL 60 (2001), 416 (418 ff.) ; *Ehlers*, Europa- und verfassungsrechtliche Vorgaben, in : Wurzel/Schraml/Becker, Rechtspraxis der kommunalen Unternehmen, ein Handbuch, 2005, S. 25 f.

(26) 参照されるのは、たとえば、ノルトライン・ヴェストファーレン州地方自治規則第一〇七条および第一〇八条である。

(27) たとえば、ノルトライン・ヴェストファーレン州地方自治規則第一〇八条第一項第一文第七号。

(28) たとえば、ノルトライン・ヴェストファーレン州地方自治規則第一一七条。

(29) たとえば、ノルトライン・ヴェストファーレン州地方自治規則第一〇九条第一項第二文。

(30) 参照されるのは、BVerwGE 82, 29 (34) ; OVG NRW, DVBl. 2004, 133 (105) である。

第七章　国家に固有の経済活動の組織

公共企業体の組織形態は特別法により別々に決められている。たとえば、地方自治体経営の貯蓄銀行は公法上の営造物として設置され、(31) 遠距離通信サーヴィス事業主体は民間による経済活動のやり方で組織されている。(32) このほか、公共団体は、自己の経済活動を組織する際、支配的見解によれば、それでも、選択の自由を享受する。(33) このことは、義務を伴ってはいるが、組織形成上裁量の余地を有するという意味で理解されるべきである。こうした考えによって、地方自治体は、原則として、一般の法律により利用に供されている、公法上・私法上の形式を用いることが許されている。公法上提供されているのは、通例、固有の法人格を持たない特有財産として管理される自己経営体という組織形式である。さらに、地方自治法は、一部では、公法上の権利能力を有する営造物という形式で、多様な利用を可能とする法形式としての地方自治事業主体を用意している。[34] このほか、地方自治体は、責任額を一定の金額に限定することができる場合、私法上の組織形態を利用することも認められている。[35] 実務では、私法上の形式——特に有限責任会社——が最も愛好されている。

公共企業体を組織する場合において公共団体に自由裁量が与えられている場合、公共事業を実施するときの解決策は最善のものでなければならない。[36] そのようなものとして、たとえば租税の節約といった理由で、提示された課題の実施を最善のものとすることを妨げるような組織を採用するといった解決策を選ぶことが公共団体には禁じられている。たとえば、法的に独立させることが国民代表、公開原則および財政の存在意義を無にするといった理由で組織上切り離すことも、正当性を伴った理由づけを必要とする。公法上の形式が全面的に優れているとかどちらかといえばふさわしいとかという場合には、私法上の組織に逃避する必要はない。[37] このほかの要件は民主主義原則から生じる。基本法第二八条第一項第一文によれば、どのラントでも、その憲法に適合した秩序は同時に民主主義の原則に適っていなければならない。民主主義原則によれば、すべての国家権力は国民から発するということが求められている。[38] 国民が選挙や投票を通じてみずから決定していない場合、組織的・人的な観点からすると、行政機関の責務の遂行を委任された職務管理者が正当性を有するという根拠が中断することなく連続しかつ国民に由来することが必要である。実体的・内容的にみると、どの行為も国民代表と、国民代表たる責任を負う行政機関のトップとを介して従属的な地位に立ち、国民の意思に由来するものでなければならない。このことは、法律への拘束、執行機関トップの指揮命令権、国家権力の行使を委ねられた職務管理者の、指揮権への服従原則、これらを通じてのみ達成することができる。(39) 民主主義原則に基づく要件は、公共団体により担われた事業主体によっても保持されていなければならない。というのは、前述した事業主体の場合、行政機関という現象形式は法技術的に切り離されているだけにすぎず、それゆえ、その機能をみるとなお国家権力の担い手にとどまっているからである。結局のところ、当該事業の公的担い手が少なくとも基本的な諸問題について大まかな調整と最終決定とを行うことができなければならないということになろう。それゆえ、株式会社は、通例、公共団体にとっては適切な事業形式ではない。というのは、株式会社は、取締役会と経営管理役会(40)とが法律上規定された独立性を相互に有するために、操作することがきわめて難しいからである。(41) 会社法上のコンツェルン法規定(42)を介して適切な操作を成功させることができるかどうかは、たとえ国家や地方自治体をコンツェルン法規定の意味における支配的事業者とみなすことができるとしても、きわめて疑わしい。(43) これと同様に、混合経済による（すなわち公共団体の中で民間人により担われた）事業主体を形成することにより、地方自治体による操作・責任と民間人による操作・責任とが分散するようなことがあってもいけない。どのケースでも、事業主体は実効的な操作・統制が公的な所有者を通じて保障されるように形成されていなければならない。垂直的な重層化（子会社や孫会社の設立）をそのつど行うことを通して民主主義的な正当性は薄まることを考えれば、ますます広がりつつあるコンツェルン構成に対しては、障壁を設けることが必要になろう。

(31) たとえば、ラントの貯蓄銀行法（Sparkassengesetze）。
(32) 基本法第八七f条第二項第一文。

(33) 参照されるのは、多くのものに代えて、*Erichsen*, Kommunalrecht des Landes Nordrhein-Westfalen, 2. Aufl. 1997, S. 269 ff.；*Schmidt-Aßmann*, in：ders. (Hrsg.), Besonderes Verwaltungsrecht, 12. Aufl. 2003, 1. Kap Rn 123 ff. である。

(34) たとえば、ノルトライン・ヴェストファーレン州地方自治規則第一一四a条。この点について詳細なものとして、*Ehlers*, in：Schmidt-Aßmann/Dolde (Hrsg.), Beiträge zum öffentlichen Wirtschaftsrecht：Verfassungsrechtliche Grundlagen, Liberalisierung und Regulierung, öffentliche Unternehmen, 2005, S. 203 ff.

(35) たとえば、ノルトライン・ヴェストファーレン州地方自治規則第一〇八条第一項第一文第三号。

(36) これについて詳細なものとして *Ehlers*, Verwaltung in Privatrechtsform, 1984, S. 293 ff.；ders., DÖV 1986, 897 ff.；JZ 1990, 1089 (1092 ff.)；DVBl. 1997, 137 f.

(37) 参照されるのは、ザクセン・アンハルト州地方自治規則第一一七条第一項第一号、テューリンゲン州地方自治規則第七三条第一項第二号、さらにラインラント・プファルツ州地方自治規則第八七条第一項第一文第一号、ノルトライン・ヴェストファーレン州地方自治規則第一〇八条第一項第一文第二号。争われているのは、そのことが法律上明示的に命じられていないときであっても、これらの場合において公法の優位性が適用されるか否かという点である。

(38) 基本法第二〇条第二項第一文。

(39) 全般的に詳細なものとして、BVerfGE 83, 60 ff.；93, 37 ff.；107, 59 ff.

(40) 株式法第九三条との結び付きにおける第七六条第一項、第一一六条。

(41) それゆえ、地方自治法は往々にして株式会社の劣後的地位を定めている。参照されるのは、たとえば、ノルトライン・ヴェストファーレン州地方自治規則第一〇八条第三項である。

(42) 株式法第二九一条以下。

(43) 基本的なものとして、BGHZ 69, 334 ff.

第八章　リスクの限定

制定法がしばしば定めているように、公共団体という経済事業主体は、その種類と規模につき、行政主体の給付能力および需要の見込みに照らして、適切なものでなければならない[44]。もっぱら行政主体を保護するために用いられる規定の狙いは、とりわけ、経済活動のリスクを限定することにある。債務を負った行政主体が、新たな業務分野の開拓とそれを通して期待される所得を通じて給付能力を逆に高めようとする試みは、こうした目標設定から考えれば、正当とはされない。

(44) たとえば、ノルトライン・ヴェストファーレン州地方自治規則第一〇七条第一項第二号。

第九章　民間による経済活動に対する関係

第一節　制　定　法

法律がしばしば定めているように、公共団体が経済的事業の主体を設置し、引き受け、また拡張してもよいとされるのは、そうすることが公的な目的を満たす上で他の者に任せるよりもずっとうまく行くとか経済的であるとか、またうまく行く可能性があるとかもっと経済的にできるとかという場合に限られている。[45] 公共団体は、公的な目的を果たす上で、民間による経済活動によるよりも公共団体の方がずっと適しているということだけは証明できなければならない。適性が同じであれば、それだけで、公共団体はそうした活動を行ってもよい。制定法はそれぞれに歩みを進めているが、それぞれの法律には真正の補充性条項が含まれている。たとえば、いくつかのラントでは、地方自治体は、民間の第三者によるよりも公的な目的をもっと上手にまたもっと経済的に行うことができるということを証明できるときに限り、事業主体を設置してもよいとされている。[46]

公共企業体が民間の事業主体との比較に応じなければならないとすると、そうした比較が現実にも行われること、そしてそうした判断を委ねられている部局（たとえば地方自治体の住民代表機関）に対して情報が提供されること、これらが確保されなければならない。そのようにすることによってのみ、公的な目的が当該の経済活動を正当とするか否か、また必要とするか否か、そしてリスクを減らすことができるか否かについても判断できるようになる。これまで、現行法に含まれていたのは、いくつかの明示の手続法的予防措置のみであった。それとして挙げられるのは、たとえばノルトライン・ヴェストファーレンというラントの地方自治法上の規定である。これによれば、事業主体の設置や事業主体への参加に関して判断する前に、地方自治体の住民代表機関が、意図された経済的活動への参加の効果とリスクについて、また民間による経済活動に及ぼす影響いかんについてそれぞれ市場分析を行った上で必要な情報を提供しなければならないとされている。手工業、工業および商業の分野での地域固有の自己管理組織や各分野の就労者のために活動している労働組合に対しても、市場分析に対して意見を表明する機会が与えられなければならない。[47]

しばしば争われているのが、公共的経済活動と民間による経済活動との関係に関する諸規定の性質は果たして競争者を保護することにあるか否かという点である。競争者を保護することにあるという場合にのみ、民間による経済活動は、公共企業体が市場に参加することに対して、裁判所において自己の身を守ることができよう。どの行政裁判所も制定法上の規定の性質を競争者保護にあるものとみる伝統に従って個々の訴えを退けるかどうかという問題に直面している[48]。公的な目的設定の要件と、公共企業体により公的な目的を果たすことが少なくとも民間による活動に委ねるよりもずっとましでありかつ経済的であることという要件は、国家による行政機関の自己防衛に役立つにすぎない。二〇〇二年までに通常裁判所は、不正競争防止法（Gesetz gegen den unlauteren Wettbewerb）[49]第一条を援用し、身を挺してこうした傾向の育成に助力してきた。この法律の第一条によれば、取引活動において良俗に違反する行為を競争目的で行う者に対して、その中止を求めることができる。通常の裁判所は、往々にして、国家行政機関の担い手やそれが関与する事業主体が公的な目的という縛りや公共的経済活動と民間による経済活動との関係を規律する諸規定に対する違背がある場合を、競争における良俗違反に当たると認定してきた[50]。たとえば、民間の造園業者は、市の建築作業場も造園に関する給付を行っていることに対して、自己の身を守り、勝訴することができよう[51]（もっとも、裁判所は、以前は、まだこれと異なる判断を示していた）。競争法は経済的行為をどのように行うべきかを規律するにとどまり、経済的行為をしてもよいか否かを規律するわけではない。それゆえ、公共団体が市場に参加することそれ自体を不正競争防止法第一条で禁止することはできない。むしろ、今後は、ラインラント・プファルツのラント憲法裁判所やノルトライン・ヴェストファーレンのラント上級行政裁判所が考えているように、それでも、地方自治体による経済活動と民間による経済活動との間での限界確定に関する地方自治体法上の諸規定が民間人たる競争者の保護を目的としており、それゆえ、その遵守を民間人も訴えをもって裁判所に求めることができるという考えを適切に取り入れることとなろう[52]。

このほか、基本権も公共団体の経済活動への参加を封鎖する効果を持つ可能性がある。たとえ基本法が、市場に合致した方法でしか操作し得ないようなやり方で公共団体を社会的市場経済に縛り付けているわけではないとしても[53]、公共的経済活動は基本権による拘束も受けている[54]。判例によれば、もちろん、民間の競争事業者は、公共的経済活動が独占的傾向を示し、つまり競争を排除する結果をもたらすときに初めて、主観的な防衛権を基本権から引き出すことができる。たとえば、職業選択の自由という基本権は競争から保護するものではなく、それゆえ、基本的に公共団体との間で行われる競争から保護するものでもない[55]。しかしながら、裁判所により作り上げられたハードルは、ここで主張されている見解によれば、高すぎるものとされている[56]。それでも、民間の競争事業者が独立して責任を負う事業者としてみた場合に、経済的活動を行う可能性が著しく制限されているときは、民間の事業者を保護するには、公共団体による経済活動が行われていることが必要であり、またそれが行われているということで十分であろう[57]。介入の入り口を踏み越えたときに問われるのが、国家による行為が正当とされているか否かという点である。この点は一般的な基準（制定法の存在、追求されている公共の利益の重要度、比例性原則の保持）により決定されよう。

第三節　ヨーロッパ共同体法

ヨーロッパ共同体法は域内市場を完成させ、生粋の競争システムを達成しようと努めている[58]。これら二つの目的を達成しようとする考えの前提には、民間が事業を実施する方が原則として公共企業体が実施するよりもましだという考えがある。競争規定が適用されるならば、域内市場が実現されるだけでなく、生活に必要なものをもっと自由に供給できるようになり、品質も改善され、料金も引き下げられるはずである。公共企業体に有利になるような形で保護主義が適用されることを阻むためには、生活に必要なものの供給に必要な給付は、ある程度の規模になれば、公募で行われるべきである。[59] 公共企業体でフェアな競争が行われなければならないとすれば、民間による経済活動との比較により、誰が市場で持ち堪えることができるかが決定されることとなる。民営化の圧力が著しいということは、それゆえ、間接的には、ヨーロッパ共同体法に由来するのである。さらに、公共企業体は、その担い手自体とは対照的に、なんら特別の拘束に服していない。というのは、公共企業体の担い手には、原則として、民間の投資者と同様に振舞うことが期待されているからである。特別の公的な目的を実施するために公共企業体が特別のかつ排他的な権利を有するという考えを理由づけることは、確かに、公共の利益の実現を義務づけるために支払われる資金の手配と同様に、依然として可能であるにしても、それでも共同体諸機関の前でそうした考えを具体的に正当化することができなければならないのであって、[60] その場合には、きわめて厳格な要件が設けられている。

(45) 参照されるのは、たとえば、ノルトライン・ヴェストファーレン州地方自治規則第一〇七条第一項第一文第三号（例外として、エネルギー供給、上下水道供給、公共交通、電話サーヴィスを含む遠距離通信サーヴィスネット経営）である。
(46) 参照されるのは、バイエルン州地方自治規則第八七条第一項第一文第四号、ブランデンブルク州地方自治規則第一〇〇条第三項、ラインラント・プファルツ州地方自治規則第八五条第一項第三号、テューリンゲン州地方自治規則第七一条第一項第四号である。
(47) ノルトライン・ヴェストファーレン州地方自治規則第一〇七条第五項。
(48) 参照されるのは、BVerwGE 39, 329 (336) ; BVerwG, Bay BVl. 1978, 375 (376) ; DVBl. 1996, 152 (153) ; Bay VGH, Bay VBl

1976, 628 (629 f.)；VGH Ba-Wü, VBl BW 1983, 78 f.；Hess VGH, DÖD 1998, 39 (40) である。

(49) この法律は基本的に変更されている。こんにちでは、不正競争防止法典第三条に同法の一般条項が見出される。これによれば、不正競争行為であって、競争者、消費者またはその他の市場参加者の不利益において競争を侵害するのに用いられるものは、些細なものであるか否かに関わりなく、不適法とされている。

(50) 基本的なものとして、BGH, DVBl. 1965, 362 ff. (Blockeis II). このほかに参照されるものとして BGHZ 82, 375 (384 ff.)；110, 278 (291)；BGH, WRP 1995, 475 (479). 上級地方裁判所の判例のうち、たとえば、OLG Hamm, NJW 1998, 3504 f.（この裁判に対する上告を退けたものとして、BGH, I ZR 284/97, Beschl. v. 8. 10. 1998)；OLG Düsseldorf, NVwZ 2000, 111 (113)；714 (716)；OLG München, GewArch 2000, 279 (281)；OLG Koblenz, MMR 2001, 812 f.

(51) BGH, JZ 2003, 315 ff. mit Anmerk. *Ehlers*, 318 ff.

(52) 参照されるのは、VerfGH RP, DVBl. 2000, 992 (995)；OVG NRW, DVBl. 2004, 133 ff.；135 ff. ノルトライン・ヴェストファーレン上級行政裁判所は、地方自治体の公的目的設定という要件から、競争者たる民間人の保護を導き出している。

(53) 参照されるのは、BVerfGE 4, 7 (17 f.)；50, 290 (336 ff.) である。全般的に詳しいものとして、（部分的に相対化されている) *Schmidt-Preuß*, DVBl. 1993, 236；*Badura*, in：FS Stern, 1997, S. 409 (419 f.) がある。

(54) 多くのものに代えて参照されるのものとして、*Ehlers*（注(13)）S. 39 ff.；dens.（注(25)）、S. 30 ff. である。

(55) BVerwGE 39, 329 (336)；同様のものとして、BVerwG, NJW 1978, 1539 (1540). しかしながら、これと対比して参照されるのは BVerwGE 17, 306 (313) である；これに賛同するものとして *Pieroth/Hartmann*, DVBl. 2002, 421 ff. 参照されるのは、このほか、*Jarass*, DÖV 2002, 489 (494). これによれば、公共団体が経済取引に参加することを通じて基本権侵害が発生しているか否かという問題に解答する上での決め手は、民間事業主体には認められないような長所を公共企業体が有するか否かという点である。この点が否定されるときは、公共企業体の活動が民間事業者を駆逐する場合であっても、基本権侵害は認められない。

(56) 参照されるのはこのほか、*Kluth*, in：Stober/Vogel (Hrsg.), Wirtschaftliche Betätigung der öffentlichen Hand, 2000, S. 23 (27 ff.)；ders. ebenda, S. 78 ff. である。

(57) 余りに広範囲にわたるものとして、*Hösch*, Die kommunale Wirtschaftstätigkeit, 2000, S. 56 ff.；*Löwer*, VVDStRL 60 (2001) 416 (444 ff.). これによれば、市場のできごとに参加するいかなる国家行為も職業選択の自由という基本権への介入とみなされなければならない。

(58) ヨーロッパ共同体条約第三条第一項g号。
(59) RL 2004/17 EG v. 31. 3. 2004 *zur* Koordinierung der Zuschlagserteilung durch Auftraggeber im Bereich der Wasser-, Energie- und Verkehrsversorgung sowie der Postdienste (Sektorenkoordinierungsrichtlinie), ABl. 2004, L 134, S. 1 ; RL 2004/18 EG v. 31. 3. 2004 über die Koordinierung der Verfahren zur Vergabe öffentlicher Bauaufträge, Lieferaufträge und Dienstleistungsaufträge (Vergabekoordinierungsrichtlinie), ABl. 2004, L 134, S. 114.
(60) 根本的なものとして、ヨーロッパ共同体条約第八六条第二項。

第一〇章　領域上効果が及ぶ範囲

広く認められているように、公共企業体としての国家は国境を越えて活動し、それゆえ、外国でも活動することができる。外国の市場に登場する場合でも、国家は事業活動の報告義務を負っている。公的な目的を通じて正当とされた国家の国内的責務を果たすということが、いつでも重視されなければならない。たんに利潤を獲得しようと努めるだけでは足りない。とはいえ、ここで考慮されるべき正当性の理由づけはほかにもたくさんある（たとえば、現在の立場の維持、開発政策、国際的ネットワークによる給付水準の引上げ、対外経済的保護措置を介した国内経済構造の改善、外国での利用を目的とした技術革新の推進など）。

公共企業体としての国家と異なり、公共企業体としての地方自治体は原則として当該地方自治体の領域内でしか経済的活動を行っていない。たとえば、市町村は、当該地区の共同体が抱える諸問題を取り扱うことのみを義務づけられているからである。[61] これと法律状態を異にするのが、地方自治体が地方自治体相互間で協力する場合である。このような場合には、原則として参加者の権限が拡大され、その結果、領域の拡大と結び付けられたスケール・メリット（規模の経済性）を求めることができよう。地方自治体相互間での協力は法律上許されているだけでなく、憲法上も保護されている。[62]しばしば争われているのが、地方自治体の経済を当該地方自治体の領域上に限定することがなお時代の要請に適っているか否かという点である。[63]この点、限定説に賛成されなければならない。というのは、地方自治体は行政の担い手としてはつねに地方分権型であり、行政機関の担い手はいつでもその権限範囲に拘束され、そして、国家的規模での提供者として、たとえば、ユーロファイターという名で示されるヨーロッパ規模での活動主体やグローバルな規模でのプレーヤーとして登場するときに限って、地方自治体がそうした役割を引き受けるにすぎないからである。[64]それでも、個別的事案では、両者の限界をどのように設定すべきかという問題がますます顕著に現れてきている。立法者はしばしばこうした問題を契機として、最新の注意を払いつつ、領域を開放することに賛成してきている。たとえば、市町村に関するいくつかの法規によれば、市町村区域外での経済活動は、地方自治体相互間での協力とはまったく関係なく、地方自治体による経済活動を適法とする要件が存在し、かつ、その領域内に配置されている、当該地方自治体の地域団体の正当な利益が守られるときは、適法とされている。[65]電気およびガスの供給の場合、エネルギー経済法（Energiewirtschaftsgesetz）の諸規定に従って競争を制限することが許されるような利益以外は、正当なものとはみなされていないのである。[66]それゆえ、これらの領域では、広範囲にわたって領域が開放される結果となっている。

(61)　参照されるのは、基本法第二八条第二項第一文である。

(62)　参照されるのは、BVerwGE 87, 237 (238)；*Rengeling*, in：Püttner (Hrsg.), HdkWP, Bd 2, 2. Aufl. 1982, S. 385 (394) である。

(63) 学術文献で主張されている見解によれば、行政機関の権限の限界に関する基準は主権に関わる行政機関についてのみあてはまるにとどまり、経済活動についてはあてはまらない。参照されるのは、*Gruneberg*, Der Städtetag, 1997, 371 (373) ; *Moraing*, Der Städtetag 1998, 523 (525) ; *ders.*, WiVerw 1998, 233 (244 f.) ; *Wieland*, in : Henneke (Hrsg.), Optimale Aufgabenerfüllung im Kreisgebiet?, 1998, S. 193 (196 ff.) ; *Hellermann*, Örtliche Daseinsvorsorge und gemeindliche Selbstverwaltung, 1998, S. 130 ; *Hellermann/Wieland*, in : Schiller-Dickhut/Murawski (Hrsg.), Kommunale Unternehmen auf der Flucht nach vorn, 1999, S. 9 (10) である。

(64) これについて詳細なのは、*Ehlers*（注(13)）、S. 93 ff. である。

(65) 参照されるのは、バイエルン州地方自治規則第八七条第二項、ノルトライン・ヴェストファーレン州地方自治規則第一〇七条第三項、テューリンゲン州地方自治規則第七一条第四項である。

(66) 参照されるのはこのほか、ザクセン・アンハルト州地方自治規則第一一六条第三項第二文である。

第一一章　民営化および民営化の続行に関する法

公共事業が民営化されるべきか否かという問題は概して法政策的な問題である。しきりに言われているように、民営化は、国家の責務が完全に放棄されることをまだ意味していない。公共団体はしばしばその履行のみを他の者に委ねるにとどまり、つまり、責務の設定それ自体は放棄せず、関係する区域全体をカヴァーする、適切かつ十分なサーヴィスの提供を保障するために、他の手段のみを用いるにとどまっている。このような場合にみられる活動は、事業者としての活動ではなく、むしろ事業を規制したり奨励したりする国家としての活動である。どの場合でも、公共団体は先行するすべての行為について責任を負っている（たとえば、職員の引き取り（取扱いを異にする規定がある場合を除く)、債務の返済など)。

第一二章　結　論

公共企業体法は二重の課題を果たす責任を負わなければならない。公共企業体法が保障しているのは、公共企業体がその責務を可能な限り最高のやり方で遂行することができるということであり、しかも同時に、それらの責務につき基準や尺度を与え、その経済政策を極端に狭めないようにすることを保障するということである。公共的経済活動の現状をみると、特徴として、公的な課題を果たすことと競争を維持することとの間に緊張関係があるという点が挙げられよう。一方で、公共企業体が主張しているところによると、公共企業体は——特にヨーロッパ法上の諸基準に従って——競争において十分に持ちこたえることができなければならないが、同時に国家事業体として特別の義務を果たさなければならない。たとえば、地方自治体という事業主体は、民間のそれと異なり、所管の地域にまったく縛られずに活動することはできない。それでも、公的な課題と競争との間の緊張関係を解きほぐすことはできないであろう。というのは、そうした緊張関係はヨーロッパ共同体法上の基本的価値判断とドイツ憲法上のそれとの対立に起因することだからである。競争がなければ、通例、生活に必要なものの供給にあたって、価値を高めたり、価格を有利にしたり、実効性を高めたりすることは達成できない。他方で、公共企業体は国家の責務を果たすための手段であって、自由な市場でもなければ、競争するよう義務づけられている独立採算責任単位 (profit center) でもないということも維持されなければならない。こうした考え方によれば、公共的経済活動を公共団体から切り離してはならないことになる。同時に、その意味するところによれば、国家のあらゆる作用に適用される基本的要件（たとえば、権限の点での正当性の理由づけの必要性、民主主義原則への志向、公共の利益の実現という役割、基本権への拘束）は公共企業体によっても顧慮されなければならない。公共企業体と民間事業者との間で一般的に機会均等を図ることは、将来においても、行われ得ないであろう。むしろ、双方の側に多様な長所と短所が存在し続けることであろう。公共的経済活動に関する法を継続的に発展させる上で、国家による経済活動と民間による経済活動のいずれが愛好されているかを基準とすべきではない。むしろ大切なのは、市民にとってどちらが有益かという視点である。公共企業体がそうした有益性を明らかに示し得るときは、必要とされる活動権限が公共企業体に対しても与えられなければならない。

ドイツの法曹養成制度改革について

Reform der deutschen Juristenausbildung

石川敏行 訳

目　次

はじめに
第一章　改革の背景
第一節　欧州統合の影響
第二節　国内における改革
第二章　改革の内容
第一節　法曹養成の方針転換
第二節　法学教育
第三節　第一次法律試験の必修科目
第四節　修習制度
第五節　第二次国家試験
第三章　総　　括

はじめに

「大学教育は、永遠の改革である（Studium est sempere reformandum）」とのモットーに忠実に、ドイツでは法学教育が始まって以来、法曹養成論議が繰り返し為されてきた。その結果、実務法曹教育とその成果を問う試験は、常に改革され続けてきたところである。しかるに、二〇〇二年に至って、過去に行われた全ての改革の影が薄くなるような、一大改革が導入された。すなわち、一九世紀以来、第一次国家試験（司法試験）は国家の所管であって、大学の所管ではなかった。ところが、経過措置（すなわち、現行試験制度で不合格になった者に対する救済制度）を除くと、恐らくは二〇〇六年の中頃に、このドイツの伝統的な制度は、大きく変わる。必修科目は従前どおり国家試験のままであるが、重点分野科目（Schwerpunkte）の試験は、今後は大学が実施することになる。その結果、比率は大学の試験が三〇％、国家試験が七〇％となる。ドイツの法学部にとって、この制度改正は一長一短である。まず従前に比べ、各大学の独自のカラーを打ち出すことができる、というメリットがある。しかし、それに見合った負担と責任が増大する、というデメリットもある。この長短は、大学にとってばかりでなく、受験者（学生）にとっても生じる。今までは、最終試験（第一次国家試験）が全てであった。試験の合否という結果（のみ）が、重要であった。しかし、改革後は結果（＝試験）に至るプロセスが重要となる。学部での学習段階における成績が重視され、それが試験結果にも反映されることになる。つまり、学生の負担は増大し、ある意味で「永続的に（am laufenden Band）」試験を受けることになり、従前に比べ能力を常に示し続けなければならなくなる。

この、ドイツにおける法曹養成制度の改革は、様々な法制度に裏打ちされている。今次の制度改革の内容を示すだけでは不十分であり、その真義を理解するには、ドイツの大学を取り巻く状況に関して知っておく必要がある。そこで、以下には本講演を三章に分け、第一章では制度改革の背景について述べる。続く第二章では、改革の内容を御紹介する。そして第三章では「総括（Fazit）」を行う。

第一章　改革の背景

第一節　欧州統合の影響

欧州各国では、大学教育はもはや国内の政治・経済の関心事を越えて、ヨーロッパ・レベルでの共通の関心事となっている。つまり、法学教育の「国際化」そして「ヨーロッパ化」ということである。そこで、欧州連合はいわゆる「エラスムス計画（ERASMUS-Programm）」、「ソクラテス計画（Sokratesprogramm）」、「テンプス計画（Tempusprogramme）」等を通じて、学生レベルと研究者レベルの交換を促進してきた。その延長線上には、大学教育の統一化という問題がある。この目標が達成されれば、学生はヨーロッパ全域で移動ができるようになり、大学修了資格の相互承認が可能になるからである。いわゆる「ボローニャ宣言（Erklärung von Bologna vom 19. 6. 1999）」において、欧州二九ヵ国は「欧州域内共通大学圏（einheitlicher europäischer Hochschulraum）」なるものを二〇一〇年までに創立することを約した。その結果、欧州共通の大学教育制度が完成する。それは、学士及び修士課程（Bachelor- und Masterstudium）という、二段構えのシステムである。ドイツに関しては、学士及び修士課程に教育制度を移行させるための所要の法制上の措置は、すでに完了した。それによると、職業能力を証明する修了試験に基づき、各大学は「学士」の学位（Bachelorgrad）を修了者に付与することができる。［学士課程の］標準修了年限は最短で三年、最長が四年である（大学大綱法一九条二項§19 Abs. 2 HRG）。少数の学生は、学士の学位を取得した後、一年から最長二年間の修士課程へと進学する可能性がある。教育課程の質を確保するために、大学を所管する各州の大臣及び大学学長会議（Hochschulrektorenkonferenz）は、第三者評価制度（Akkreditierungssystem）を導入した。それによると、教育課程は（複数の）第三者評価機関（Akkreditierungsagenturen）による評価を義務付けられる。第三者評価機関の組織形態は私法上の法人であり、公法上の財団法人の監督を受ける。ポジティブな評価を得なければ、当該大学の教育課程は認可されない。ただし、以上のボローニャ・プロセスは、目下のところは法学の分野には適用されない。その理由は、法曹資格は国家試験であって、大学が行う試験ではないからである。ドイツの法曹の大多数は（アングロサクソン諸国の法曹と同様に）、「学士・修士システムは法曹養成には適合しない」、と考えている。なぜなら、わずか六ゼメスターで法曹に必須の基礎教育を提供し、法曹のタマゴ達に古典的な職域（裁判官、弁護士、公証人、上級職公務員）に進出するための能力を付与することは、不可能に近いからである。それにもかかわらず、多くの論者は「とどのつまりは、法曹もボローニャ・プロセスから逃れることはできないであろう」、と考えている。法学の補助教育課程（Zusatzstudiengänge）は、すでに第三者評価を経ることが、認可の必須要件となるに至っているからである。

第二節　国内における改革

世上、流布されているところによると、「ドイツの大学は改革（近代化）が必要である」。一つには、責任を強化すべきである。もう一つには、プロフィールを明確にして競争力をつけ、透明性が高められれば、比較（競争）と選別が促進されることになる、というわけである。これは、①大学の設置主体、②大学のスタッフ、③教育・研究の評価、④大学の財務、という諸点と関係する。そこで、以下に分説することにする。

一　大学の設置主体

日本とは異なって、ドイツの大学はその圧倒的多数が国立（州立）である。私立大学に学ぶ学生は、全体のわずか二％にすぎない（日本では、七五％）。ドイツにおける大学間格差は、日本よりも少ない。さりながら、ドイツでも変革が起きつつあり、その結果、日本の状況との類似現象が見られ始めているのは、興味深いところである。これまで、ドイツの国立大学は公法上の法人（Körperschaften des öffentlichen Rechts）であり、自治権を付与された組織であった。国家の事務（例えば人事行政）を履行する限りで、大学は各州の営造物であって、独立した行政主体ではない。もっとも、上記以外の組織形態も存在しないわけではない。例えば、ニーダーザクセン州では、国立大学は公法上の財団法人（Stiftungen des öffentlichen Rechts）へと改組させられた。また近時、私法上の主体である大学や学部も少数ながら登場している。法学の分野では、例えばハンブルクにあるブセリウス・ロースクール（Bucerius Law School in Hamburg）である。同校は、ハンブルク大学（国立）と提携しているが、資金面は私法人（ツァイト財団（Zeit-Stiftung））が提供している。同校は年三学期制（Trimester）を採り、学費は各学期三〇〇〇ユーロである。志願者は外国語の知識を要求され、学業成績も優秀で、同校が実施する入学試験に合格する必要がある。入学定員は一一〇人である。

二　大学のスタッフ

大学における教育・研究の質ということを考えるに当たって最大の意味を持つものは、教員（Professoren）の選抜の問題である。これまでのドイツでは、法学部教授を志す者は、大学で優秀な成績を収めるだけでは足りず、法学博士の学位を取得し、更に原則として教授資格をも取得する必要があった（promoviert und in aller Regel habilitiert sein）。母校に残る弊害を防ぐ意味合いから、教授資格取得者は、母校以外の大学に教職を得ることを心懸けていた。目下、公募されると、一つのポストに対し、五〇人の教授資格保持者が応募している。その結果、少なからぬ数の者がせっかく教授資格を取得したにもかかわらず、大学を去って、教職以外の法職に従事せざるを得ない状況がある。教授の俸給は、その種類に応じて異なる。一方で、講座保持者（C4-Professoren）とその他の教授（C3-Professoren）とでは、格差が大きい。他方、二年ごとに勤続加俸（Dienstalterszulage）がある。俸給の増額は要求可能であるが、それは他大学へ招聘されたのに、それを断わって現職に残留した場合のみである。しかし今や、新規に教授に招聘されつつある若手には、異なる規定が適用になる。すなわち、「教授資格を取得するために高齢化し、ボス教授への依存が進行している現状を変えるべきである」との意見が強まった結果、教授資格論文制度（Habilitation）を廃止し、いわゆるジュニア・プロフェッサー制度（Juniorprofessur）が導入されることになったのである。ジュニア・プロフェッサーは、日本の「准教授」と類似する制度である。その任用の要件は、公務員法上の要件を別にすると、大学における教育課程の修了、教育適性（pädagogische Eignung）、学術研究に関する優れた能力（besondere Befähigung zur wissenschaftlichen

Arbeit）である。研究能力を実証するために、原則として、法学博士の学位取得時における「優（magna cum laude）」の成績が要求される。ジュニア・プロフェッサーは、六年間という任期付きのポストである。ジュニア・プロフェッサーは、教授に依存しない独立のポストであるが、同時に教授が負う義務の全てを負っている。もし、大学に残留を希望する場合は、遅くも六年間目の任期末までに、正規の教授職に応募する。その際、最低限、［任期中に］著書二冊を刊行していれば、当該ジュニア・プロフェッサーは、教授になれる見込みがある。自校へ戻る場合、博士学位の取得後、大学を一回変わっているか、それとも一つの大学で最低二年間教授活動をしている必要がある。連邦憲法裁判所は、連邦の立法権限（大学大綱法四四条）を「無効（nichtig）」と宣言した。その理由は、「かくも深く州の権利に介入する権限は、連邦には与えられていない」、というものであった。将来は、教授の任用に関する権限は、基本的には州の権限になる。ジュニア・プロフェッサー制度が導入された後も、従前の教授資格論文制度は、その代替物として残ることになる。実際のところ、ドイツの法学部は（もちろん、全てではないが）従来どおり、教授資格論文制度にこだわる傾向が強い。

連邦は、更に教授の俸給を変更した。勤続加俸（Dienstalterszulagen）（既述）は、廃止された。それに代わって、新任の教授には、基本給（Grundgehalt）のほか、能力手当が支給される。能力手当は、法定された一定の枠内で［各人の能力の多寡に応じて］伸縮する手当である。能力手当は、［前述した］他校からの招聘を断わった場合には限られず、研究教育上の顕著な業績及び大学行政または大学の能率の枠内における役職または特別の任務の遂行に対して給付される。また、研究教育に対して学外資金を獲得したような場合にも、［「成功報酬」的な意味合いで］手当が支給されることがあり得る。立法者は、教授連は旧来の制度、すなわち従前の給与法（Besoldungsrecht）の上にあぐらをかいて、能力以上の俸給をもらい、競争にもさらされないで、「ぬるま湯暮らし」をしてきた、と考えているようである。しかし、それは当たっていない。特に、研究・教育以外の「貢献度」［政府の委員会への関与、大学行政への貢献等々］をどう適正かつ平等に決めるのか。決して、たやすいことではない。しかも、予算全体は増額してはならない。となると、結局は俸給のカットと、とりわけ年金額の切り詰めが予想されることになる。

三　修学要件

全ての国民（ドイツ人）には、憲法が保障する基本権として、修学の場所を自由に選択する権利がある。欧州連合の他の諸国の国籍保持者は、大学での勉学に必要な語学能力があることが証明されれば、ドイツ人と対等に取り扱われる。大学で勉学を行うための必須条件は、原則として勉学に必要な基礎教育の課程の修了、すなわち高校卒業資格（アビトゥア（Abitur））である。入学希望者に対して学籍の数が不足する場合は、州または連邦レベルで活動する「学籍配分センター（Zentrale Vergabestelle）」の所管となる。その際、学籍全体の八％は外国人学生に対して、二％は修学困難者（Härtefälle）に対して、また三％は二度目に大学に入学する者（Zweitstudienbewerber）に対して、予め割り当てられている。ちなみに、学籍配分は三つの基準、すなわち学校の成績（ノルトライン＝ヴェストファーレン州の場合は二〇％）、待機期間（すなわち、希望の学部に入学するために、何ゼメスター待ったか）（Wartezeit（二〇％））、そして各大学自身が定める基準（六〇％）に基づいて決定される。結局、最後の要素は、学業とダブる部分が多い。現状では、場所（大学）さえ選り好みしなければ、ドイツの法学部に学びたい高校修了者は、全員が何処かの法学部に入学することができる。しかし、例えばノルトライン＝ヴェストファーレン州のミュンスター大学法学部は、志願者が多い。目下の倍率は、三・九倍である。私たちは、上述した基準に従って、優秀な学生を入学させている。

四　研究・教育に対する評価

法律の定めるところによると、大学の活動は、①教育・研究、②後継者養成、③平等の実現（男女共同参画）といった諸点に関して、定期的に評価を受ける必要がある（§§ 6 HRG, 3 HGNRW）。大学の全構成員は、上記の活動に積極的にコミットする義務を負う。一例を挙げると、修学規則（Studienordnung）に定める科目と、全専任教員が担当する科目は、学生によるアンケート評価（批評）を受ける。これは、教員にとっては酷な場合もある。なぜなら、アンケート結果は公表されるからである（ミュンスター大学の場合には、更にインターネット上に公開されるから、誰でも結果を読むことができる）。ドイツでは、個人情報保護（データ保護）の要請が他の国々と比べてかなり強いのではあるが、このアンケート結果（評価）の公表は、個人情報保護制度の枠外（例外）、と考えられている。法の定める研究の評価は、当該研究のプロフィール及び重点項目を明確にし、かつ評価することをその目標としている。研究実績及び学外資金の獲得を比較し、内部組織のあり方と研究の促進状況を審査し、後継者養成の実情を評価する。しかし、評価制度は未だその緒に就いたばかりである。これまでも、研究報告書を提出する義務は存在していた。しかるに今や、義務はそれにはとどまらない。分析と評価は、もはや自己評価（Selbsteinschätzung (Selbstevaluation)）ではなく、向後は外部の第三者評価（ピア・レビュー）（externe Begutachtung (external peer review)）に委ねられることになるからである。第三者評価委員会は、最低三人の有識者（Fachgutachter）から成る。ミュンスター大学が評価を受ける場合、ミュンスターの関係者は委員に加わってはならない。成績不良の場合は、目標改善協定（Zielvereinbarungen）が締結されることもある。協定どおり改善の努力がなされているかどうかについては、事後チェックが行われる。

五　大学の財務

教授の任命権を別にすると、国家はとりわけ財政面を通じて大学をコントロールすることが可能である。その結果、ドイツの国立大学の財務は、これまでは完全に国家の言いなりであった。ところが、見過ごされがちなのは、国家が財政難に陥って以来、状況が大きく変化した、という事実である。すでに現段階でも、国家の文教予算は、効率原理（Leistungskriterien）に基づいて、配分されている。すなわち、現存する組織に対して一二・五%、学生数（標準修了年限内）に対して一七・五%、卒業生（国家試験合格者）の数に対して三五%、博士号取得者に対して七・五%、学外資金（すなわち、国庫以外を原資とする研究費）に対して二七・五%といった具合である。したがって、資金提供団体は、年々その発言力が増大している。

同時に、ノルトライン＝ヴェストファーレン州をはじめとする多くの州では、来年から大学に関しては、「グローバル予算（Globalhaushalt）」制度が導入される。この方式の下では、大学の得る予算は大学が予め設定した目標値（Vorgaben）に即して与えられ、その枠内で各大学は人件費・物件費を自己責任で配分することになる。上述した効率原理が、大学内部（すなわち、大学本部と各学部との関係）にも及び得るものであるかは、若干疑わしい面がある。

ドイツ法の特色は、大学ではごく最近まで授業料（Studiengebühren）を徴収してこなかった、というところに見られる。ただし、長期在学者（Langzeitstudenten）及び再入学者（Zweitstudium）の場合は例外である。学費徴収の禁止は、ある連邦法律（HRG）の中で明示された。連邦憲法裁判所は、最近の判決の中で、「そのような禁止規定を立法の中に置く権限は、連邦には与えられていない」、との判断を下した。すでに幾つかの州では、少額の授業料を導入する動きが出始めている。まずは、学期当たり五〇〇ユーロというのが原案で、困窮者は国立銀行から融資を受けることができ、授業料の支払いは修了後まで猶予してもらうことが可能である。かくて、各界各層から大学進学が可能になる。州の財政状況は非常に悪化してきているため、授業料を可及的速かに徴収する必要性は火を見るよりも明らかである。なぜ、幼稚園児を幼稚園に上げようとする両親は月謝を払う必要があるのに、大学生は授業料を支払う必要がないのか。まして、大学を修了すれば、より良い収入が得られる、というのに。この矛盾を合理的に説明することは難しい。従前のシステムを堅持する限り、例えば看護師は自分が支払う税金で、未来の自分の上司（大学医学部を出たボス＝医師）の教育費をも負担することになる。よって、文教予算のあり方は次回の選挙、すなわち二〇〇六年に予定されている連邦議会議員選挙の一大争点となることであろう。連邦政府は、エリート大学その他のトップクラスの研究機関は予算面で優遇する旨を予告している。それが実現するには、連邦と各州の合意が必要であるところ、現在までの段階では、合意は成立していない。よって、ここでどの大学が「エリート大学」で、どこがそうでないのかを名指しすることはできない。

第二章　改革の内容

ここで、制度改革を取り巻く状況の変化に関する分析を終え、今次の法曹養成制度改革の内容の紹介に入りたいと思う。最初に確認しておきたいのは、日独両国の間には共通点が見られる一方で、差違もまた大きい、ということである。法職を目指そうとする場合、ドイツでは（日本とは違って）法律学を大学で勉強し、第一次試験に合格し、修習生としての実務研修を修了し、第二次国家試験に合格する必要がある。目下、一一万人が修習を受けている。毎年、第一次国家試験と第二次国家試験の受験者の数は、約一万人である。第一次試験の不合格率は三〇％弱程度であり、第二次国家試験のそれは一四%である。日本に比べると、ドイツでは法学教育を修了するのは大変難しい反面、国家試験に合格するのは極めて容易い、というのが実情である。ドイツの成績の付け方は、とてもカラい。最も多いのは、「可（ausreichend）」である。「優（sehr gut）」の比率は、わずか〇・二%である。任官しようとすると、いい成績を収める必要がある。例えば、ドイツの裁判官人口は二万人である。二〇〇二年の統計によると、年間四三八万件の裁判手続が終結した。日本の和解件数は、極めて低い。更に、ドイツの弁護士人口は一三万二千人である（これに対して、日本の弁護士人口は二万人）。

第一節　法曹養成の方針転換

ドイツの法曹養成制度の特徴は、伝統的にいわゆる「一元的法曹（Einheitsjuristen）」、すなわち最初から専門法曹を養成するのではなく、まずは法曹として必要な共通の基盤を養い、そこから後に枝分かれしているのである。その際、モデルとなったのは裁判官職（Richteramt）である。第二次国家試験は、その能力を試す試験である。しかし、能力の実証（Befähigungsnachweis）は、裁判官だけではなく、上級職行政官、弁護士職、そしてVolljuristたる会社幹部として活動するためのパスポートでもある。実際のところ、任官できる修習生の数は多くはなく、大多数の者は弁護士になるわけなので、法学部教育も修習制度も、弁護士をモデルとした形に転換されることになった。この点については、後にまた触れることとしよう。

第二節　法学教育

日本とは異なり、ドイツでは学部教育と大学院教育の別というものが存在していない。大学における法学の教育課程の修了である「マギスター」と呼ばれる課程（Magisterstudiengänge）、継続教育課程（Weiterbildungsstudiengänge）、そして副専攻課程（Nebenfachstudiengänge）は、存在することは存在する。しかし、それらが提供される人的対象は、法学部に学ぶ学生とは異なっている。まず、マギスター課程は、主に留学生に提供される。その前提として、母国で法学の基礎教育をすでに受け、ドイツでその修了を望む者（場合により、後にドイツで博士号を取得する目的を持つ者を含む。）。次に、継続教育課程とは、第二次国家試験合格者（ドイツ語では、Volljurist）を対象とする。とりわけ弁護士であり、ある特定のテーマに関する知識を深めたい場合である。ミュンスターの場合、「M＆A」「税法」「契約法」などが有償で提供されている。最後に、副専攻課程とは、法学部以外の者（例えば経済学や政治学専攻者）が法律学を学ぶ場合に提供される。

日本とドイツとのもう一つの違いは、一般教養の履修を経ることなく、直ちに法学の専門教育課程に入るところにある。州法曹養成法の定めによると、法学教育の目的は「履修者に法を理解させ、使いこなす能力を身に付けさせる」ところにある（§ 2 Abs. 2 JAG NRW）。ゆえに、理論のみならず、実務が重要なのである。そのことは、ドイツ裁判官法の中に、次のように表現されている。すなわち、「法学教育の内容は、裁判・行政及び法助言実務に考慮する必要がある」、と（§ 5 a Abs. 3 DRiG）。履修者に期待されるのは、具体的事案を解決する能力である。試験では或る事実関係を示し、それを法的に評価させることが通例である。典型的な問いかけは、「原告は勝訴することができるか（Hat die Klage Erfolg ?)」、「甲 有限会社は、乙 株式会社に対して請求権を有するか（Hat die A-GmbH einen Anspruch gegen die B-AG ?)」、「Xの行為は可罰的か（Hat X sich strafbar gemacht?)」、といったものである。近年の法律改正で、法学教育の内容は、法律実務に必須の「キー・クォリフィケーション（Schlüsselqualifikationen)」、例えば交渉術（Verhandlungsmanagement)、対話術（Gesprächsführung)、弁論術（Rhetorik)、紛争解決技法（Streitschlichtung)、メディエーション（Mediation)、尋問術（Vernehmungslehre）そしてコミュニケーション能力（Kommunikationsfähigkeit）に配慮する必要がある（§5 a Abs. 3 DRiG)。つまり、立法者は今までにも増して、弁護士をモデルとする法学教育への方針転換を考えているのである。ちなみに、キー・クォリフィケーション科目については、研究者教員ではなく実務家教員（弁護士）が大学に来て教える。更に、学生は最低三ヵ月間のエクスターンシップ（実習）を体験する。受入先は裁判所、とりわけ法律事務所、そして行政官庁である。新しいシステムでは、法学教育の対象は必修科目（Pflichtfächer）と受験者が複数科目から選択する重点領域科目（Schwerpunktbereiche mit Wahlmöglichkeiten）である。必修科目とは、民法・刑法・公法・訴訟法（手続法）の基礎である。全体を通じて、ヨーロッパ法、法学方法論（rechtswissenschaftliche Methode)、哲学・史学・法社会学的基盤（philosophische, geschichtliche und gesellschaftliche Grundlagen）との繋がりが重視されることになる。次に、重点領域科目は、法学の学習を補充し、関連する必修科目の学習を深め、学際科目・国際科目と法学を媒介する役目を果たす（§5 a Abs. 2 DRiG)。

ヨーロッパ化と国際化が進んでいる現状に鑑みて、学生は外国語で行われる講義を履修し、法学を内容とする語学コースに参加し、または留学をしたことを実証すべし、と定められている（§5 a Abs. 2 S. 2 DRiG)。実務においても、国際がらみの科目は、非常に好まれている。例えば、一ないし二ゼメスターを外国の大学で過ごす法学部生は多数にのぼる。留学中に取得した単位は、その一部を互換することが可能である。更に、少なからぬ数の大学では、法学に特化した語学プログラムを用意している。例えば、ミュンスターでは、二年間の語学コースがあり、そこでは法曹資格を持つネイティヴがアメリカ法、イギリス法、フランス法を教えており、それを履修する学生は全体の三分の一にも達している。学生に多くを期待することはできない。外国語の学習を重視する余り、本来の目標である法学の修得に悪影響が出てはならない。ともあれ、立法者の想い描く理想は、包括的な教育を受けさせ、多方面に興味を持ち、雄弁で協調性に富み、弁護士としての職業訓練に日夜明け暮れする学生を生み出すことである。彼らは、持ち前の語学力と外国滞在経験を駆使して、国際的な能力を身に付けるであろう、というわけである。

改革後の新システムによると、法学教育は二段階に分かれる。まず、遅くも第四ゼメスターまでに、法学部生は必修科目（民法、刑法及び憲法）の中間試験（Zwischenprüfung）を受験する必要がある。この試験に合格すると、法学部教育の後半を始めることができる。すなわち、いわゆる重点領域科目（Schwerpunktbereiche）の履修と第一次国家試験（Erstes Juristisches Staatsexamen）の受験準備である。如何なる重点領域を撰ぶかは、各法学部が自主的に決定する。例えば、ミュンスター大学法学部の場合、八つの重点領域が設けられている。すなわち、①経済と企業（Wirtschaft und Unternehmen）、②労働と社会（Arbeit und Soziales）、③情報・通信・メディア法（Informations-, Telekommunikations- und Medienrecht）、④国際法（Internationales Recht）、⑤ヨーロッパ法・国際私法（Europäisches Recht und Internationales Privatrecht）、⑥法形成と紛争解決（Rechtsgestaltung und Streitbeilegung）、⑦国家と行政（Staat und Verwaltung）、⑧刑事政策・租税法（Kriminalwissenschaften und Steuerrecht）の八分野である。

重点領域の学習は、各ゼメスター当たり最低週一六時間まで拡張された。学生は、学問を深める能力を実証する必要がある（§ 2 Abs. 3 JAG NRW）。重点領域科目の試験では、少なくとも在宅レポート（häusliche Arbeit）一通及び筆記試験一通を提出する必要がある（§ 28 Abs. 3 S. 3 JAG NRW）。ミュンスターの場合、筆記試験八通とゼミナール論文一通を提出することになっている。筆記試験は、得点全体の二〇％、ゼミナール論文は一〇％の比率を占める。第一次国家試験の受験に備えて、大学では特別の補習コース（Repetitorienkurse）が設けられる。たいていの学生はこの大学の課外コースに通い、その代わりに、または併行して予備校（private Repetitorien）に通う者が多い。大学は、「なぜ現状はそうなのか」を深刻に問う必要がある。

第三節　第一次法律試験の必修科目

第一次法律試験の中核は、改革後も国家試験である（大学の試験ではない）。試験科目は必修科目（Pflichtfächer）であって、論文式試験（schriftlicher Teil）と口述試験（mündlicher Teil）とから成る。従前の在宅試験（Hausarbeit）は廃止され、それに代わって六通（各五時間）の論文式試験が課されることになった。論文式試験は、各二名の試験委員によって評価・採点される。論文式試験で所定の最低点（Mindestpunktzahl）に達した受験者は、口述試験（mündliche Prüfung）に進む。委員は三人で、教授、講師、裁判官、上級職行政官または裁判官適格を有する実務家である。第一次試験の「合格」といえるためには、①大学の実施する重点領域科目試験と②国家（州）が実施する必修科目試験に、ともに合格する必要がある。すでに述べたとおり、第一次試験の総得点中に占める必修科目国家試験の比率は七〇％、これに対して重点領域科目大学試験の比率は三〇％である。試験は易しくはないので、以前は多くの学生が不合格をおそれて、標準修了年限（四年間）を相当経過してから、受験していた。そこで立法者は妥協をして、いわゆる「試し撃ち（Freiversuch）」制度を導入したのである。それによると、受験者は遅くも第八ゼメスターが終わるまでに必修科目国家試験を受験する。仮に、不合格になった場合、この受験は「ノー・カウント」となるのである（§25 Abs. 1 S.

1 JAG NRW)。また、試し撃ちで合格はしたものの、成績が良くなかった者は、総得点を向上させるために、試験を再度受けることが可能である。実際のところ、試し撃ち制度は予想以上に活用され、その結果、今日では修了と合格は以前に比べ、確実に早まっている。

第四節　修習制度

第一次試験に合格した者は、その申請により、二年間の修習（juristischer Vorbereitungsdienst）に入ることになる。修習は、①民事通常裁判所、②検察庁または刑事通常裁判所、③行政官庁、④法律事務所・弁護士会、⑤選択修習（Wahlstationen）から成る（§5 b DRiG）。修習生は、大学教育で獲得した知識と能力に基づいて、裁判・行政及び法助言に関する実務能力を身に付けるように努める。従前は、裁判所における修習が重視されていた。ところが今や、ノルトライン＝ヴェストファーレン州では、修習生は一〇ヵ月間、法律事務所・弁護士会で修習する必要がある。選択修習に関しては、この期間を外国で過ごすことも可能である。

第五節　第二次国家試験

第二次国家試験の目的は、修習生が修習の目的を達成し、かつその専門的及び一般的知見及び能力、実務的手腕、そしてその全人格に照らして、裁判官及び上級職行政官となる適性があるか否かを確認するところにある。裁判官適性はまた、弁護士登録をなし、公証人（Notar）に任命されるための要件でもあることに注意を要する（§47 JAG NRW）。

第二次国家試験は、論述式試験（Klausuren）、起案（Aktenvortrag）そして口述試験（Prüfungsgespräch）から成る。修習期間中の成績は、第二次国家試験には加算されない。試験委員は実務家である。第二次国家試験の合格者は、「アセッソァ（Assessor）」なる称号を帯びることができる。「司法官・行政官試補（見習）」という意味である。アセッソァは、独り立ちの法曹（Volljurist）である。ドイツでは、この過去一〇年間で、法曹になる見込みは悪化した。裁判官・上級職行政官として任官し、大手の法律事務所に就職するためには、第二次国家試験に好成績（mit einem Prädikat (d. h. mindestens mit der Note vollbefriedigend)）で合格する必要がある。しかし、この成績を収められるのは、受験者（修習生）全体の一六%にすぎない。アセッソァは、弁護士登録はできるが、その反面、独立自営業としてのリスクも背負うことになる。

第三章　総　括

最後に、本講演の「総括」を試みるならば、次のようなことが確認できるであろう。ドイツでは、これまで能力の高い法曹の養成に成功していた、といえる。これは、国際比較を通じてもいえることである。ドイツ人学生が外国で法律学を学ぶ場合、外国語のハンデがあるにもかかわらず、最も優秀な層に属している。ドイツにおける法学教育の質を保証するところのものは、これまでのところは国家試験制度であった。「国家試験の比重を低めよ」とか、「国家試験を廃止して、大学試験に置き換えよ」とか主張する大学関係者は存在する。が、その場合、大学側が立証しなければならないのは、制度改正後の割合、すなわち第一次試験中に占める総得点の三〇%という割合が適正なものである、ということである。大学は、能率原則に従って運営される。いい成果が出れば御褒美がもらえ、成果があがらなければペナルティを課される。しかし問題（難問）は、いかにして成果（成績）を測定することができるか、ということである。過去数十年にわたって通用し、かつ憲法上も保障されているところのフンボルトの理念、すなわち大学における研究と教育の自由という理念は、今後も国家によって尊重される必要がある。しかし、改革の結果、上述した自由領域は縮減され、初等学校のように画一化されていく傾向がある。国家が大学教育の条件整備に重大関心を持つことは、尤もなことである。しかし、政治と行政が「改革」に着手すると、往々にして改善にはならず、むしろ「改悪」になりやすい。

ドイツにとっての憂慮すべき事柄の第一は、教育期間が長すぎることである。Volljurist になるには、早くて二七歳である。（例えば、外国に留学などしたりしていると）往々にして、第二次試験に合格するのは、三〇歳になってしまう。ドイツの法曹は、今後ヨーロッパ統合と法律事務所の国際提携とが進む中で、スペイン、イギリスあるいはフランスの法曹に伍して競争していかねばならない。その際、後者の年齢は明らかにドイツの法曹に比べて若い。この現状を変えようと欲する場合、考慮するべきは、修習制度を廃止することである。その場合、教育は各職能集団（例えば、裁判所または弁護士会）に任せることになる。そうして、各職種に必要な補助教育の制度を設ける（ただし、それは職業参入の要件とはしないことが、望ましい）。結局のところ、従来のドイツ的法曹一元制度は部分的に放棄せざるを得ないであろう。本講演の最後に、ドイツの有名なサッカーチームの監督である Sepp Herberger の次のような名言を御紹介したい。「改革は、してみたものの、元の木阿弥（Nach der Reform ist vor der Reform.）」。永久に続く法曹養成改革論議に、終わりは来ない。この世には、特効薬（Patentrezepte）などは存在しないからである。

〈訳者注〉

本講演原稿には、もともと注が存在していない。そこで、訳者が著者に代わって、若干の補足を申し述べることにする。

本講演が扱うテーマに関しては、その後、色々な変化が生じたところである。日本でも、法科大学院制度がスタートしたことによって、本講演の中で行われている日独比較は修正が必要となった。しかし、この翻訳でそれを補うのは訳者としては越権行為なので、敢えて修正はしていない。

ドイツについても、事態は同様である。だが幸い、訳者は縁あって、本テーマに深く関係する調査研究に従事することができた。そこで、本講演のいわば「補註」として、その若干のデータをお示しすることにする。

すなわちまず、

「フランスおよびドイツにおける法曹養成の実情に関する調査報告書（二〇〇五年三月）」が、http://www.congre.co.jp/lawschool-partnership/2007suisin_prog/pdf/frc_gmn.pdf で御覧頂ける。これは、訳者が所属する中央大学法科大学院を含む一〇法科大学院共同研究プロジェクト（幹事校京都大学）の申請が、文部科学省のいわゆるＧＰ（専門職大学等教育推進プログラム）に採択されたものである（平成一六年度から三カ年）。

右の報告書の中には、訳者も参加した

・フランクフルト弁護士会：http://www.congre.co.jp/lawschool-partnership/2007suisin_prog/pdf/rec_frankfurts.pdf

・フランクフルト大学：http://www.congre.co.jp/lawschool-partnership/2007suisin_prog/pdf/un_frankfurts.pdf

・ヘッセン州司法省：http://www.congre.co.jp/lawschool-partnership/2007suisin_prog/pdf/hessischen.pdf

・ヴュルツブルク大学：http://www.congre.co.jp/lawschool-partnership/2007suisin_prog/pdf/un_wurzburg.pdf

のレポートも含まれている。

次に、この訪問調査に基づき、訳者が法科大学院協会主催シンポジウム「法科大学院における臨床系教育」（二〇〇五年一二月三日）においてした報告「フランスとドイツの法曹養成における臨床系教育」については、http://www.congre.co.jp/lawschool-partnership/2007suisin_prog/pdf/sympo_lc20051203.pdf で閲覧可能である。

なお、この報告で使用した資料は、

・レジュメ：http://www.congre.co.jp/lawschool-partnership/2007suisin_prog/pdf/summary_ishikawa.pdf

・スライド（パワーポイント）：http://www.congre.co.jp/lawschool-partnership/2007suisin_prog/pdf/slide_ishikawa.pdf

に掲載されている。

右の文科省ＧＰ採択「実務教育の在り方に関する調査研究」は、三カ年の調査研究をつつがなく終了した後、現在では八法科大学院共同研究プロジェクト「実務科目等の内容の明確・標準化の調査研究」（平成一九年度から二カ年。同じく文科省ＧＰに採択）に引き継がれている。まだ始まったばかりであるが、その詳細は http://www.congre.co.jp/lawschool-partnership/ で知ることができる。

特にドイツに関しては、同国が連邦制であるところから、更なる「深掘り」が継続しており、訳者は二〇〇八年三月五日から一〇日間の予定で調査研究に出発する（ドイツのほか、ベルギーのＥＵ本部にも立ち寄り、本講演でも引用されている「ボローニャ・プロセス」の現状も調査してくる）。その成果は、先に紹介したＵＲＬの、「外国制度等調査結果」の欄に速報として掲載される手はずである。

また、本書と同じ日本比較法研究所から刊行された石川敏行／ディルク・エーラース／ベルンハルト・グロスフェルト／山内惟介（編著）『共演　ドイツ法と日本法』（二〇〇七年）には、本講演とも深く関係するハンス・ウーヴェ・エーリヒセン「ドイツにおける学修課程認証評価の法的諸局面」（山内惟介訳）と、それに対応する石川敏行「日本の法科大学院に対する認証評価制度の現状と題課—大状況・中状況・小状況から見た」が掲載されているので、参照されたい。

また、同書に先立って二〇〇六年に刊行された同書の「姉妹編」である、Bernhard Großfeld/Koresuke Yamauchi/Dirk Ehlers/Toshiyuki Ishikawa (Hrsg.), Probleme des deutschen, europäischen und japanischen Rechts. Festschrift aus Anlass des 20-jährigen Bestehens der Partnerschaft der Westfälischen Wilhelms-Universität Münster und der Chuo-Universität Tokio auf dem Gebiet der Rechtswissenschaft. 2 Tab.; VIII, 216 S. にも、同じく本講演の関連テーマを扱う論稿として、H.-U. Erichsen, Rechtliche Aspekte der Akkreditierung von Studiengängen in Deutschland 及び Anna Bartels-Ishikawa /Toshiyuki Ishikawa, Werden Japans Juristen „amerikanisiert“? -Zur Einführung des Law school-Systems in Japan が収録されているので、あわせて御紹介しておく。

（二〇〇八年三月四日　記）

索　　引

ア 行

アセッソァ 145
アダム・スミス 100
アビトゥア 135
アムステルダム条約 4
アメリカ行政法 69
アンケート評価 136
EU法 11
委員会 7
異議審査手続 84, 85, 86
一元的法曹 139
永遠の改革 129
営造物 132
エラスムス計画 130
エリート大学 138
欧州司法裁判所
　→ヨーロッパ裁判所参照
欧州域内共通大学圏 130

カ 行

改革は、してみたものの、
　元の木阿弥 146
会計検査院 8
介入 74
学位 131
学士 131
学籍配分 135
　——センター 135
カシス（Cassis）判決 14
株式会社 113
関税と貿易に関する一般協定 103
官民パートナーシップ 101
起案 145
キー・クォリフィケーション 141
規則 19
覊束行為 89, 90
規範廃棄権 25
基本給 134
基本権憲章 16
基本的自由（自由権） 12, 14, 103
客観法と主観的権利 24
『共演 ドイツ法と日本法』 148
教授資格 133
　——論文 133
行政救済 100
行政契約 48
行政権限 50
行政組織 49
行政手続 48, 53
行政立法 69, 71
競争規定 15
競争法 103
共同体の基本権 15
共同体法 11
　——と国内行政法の法技術的
　　接合 56
　——の優位 21, 37, 45
勤続加俸 133, 134
グローバル予算 137
継続教育課程 140
ケック（Keck）判決 14
決定 21, 22, 23, 48
研究と教育の自由 146
権利保護 64
高校卒業資格 135
講座保持者 133
口述試験 143, 145
公証人 144
公法上の法人 132
公務員法 57, 58
効率命令 54
語学プログラム 142
個人情報保護 136
（国家試験の）成績 139
コンスタンツォ裁判 51

サ　行

サーヴィス貿易に関する
　一般協定　103
裁判官職　139
裁量行為　89
裁量の瑕疵のない行使を求める
　権利　76
差別禁止　12, 15, 54
自己評価　136
実務科目等の内容の明確・
　標準化の調査研究　148
実務教育の在り方に関する
　調査研究　148
司法官・行政官試補（見習）　145
修学規則　136
修学要件　135
修士　131
修習　144
重点領域科目　141, 142
州法曹養成法　140
授益的行政行為の拒絶　75
授業料　137
ジュニア・プロフェッサー　133
准教授　133
職員制度　57
指令　19
　——適合的解釈　21
　——の直接的効力　19, 20, 21
指令権　53
審査密度　89, 91
先決的判決　57
選択修習　144
前置手続　83, 84, 85
専門職大学等教育推進
　プログラム　147
総括　145
ソクラテス計画　130
その他の教授　133
Solange 決定　38, 39

タ　行

第一次（共同体）法　12, 25, 54
第一次（法律）試験　138, 143
大学の財務　137
大学のスタッフ　133
大学の設置主体　132
第三者評価　136
　——委員会　136
　——機関　131
　——制度　131
第二次（共同体）法　12, 17, 25, 55
第二次国家試験　138, 144
ダッソンヴィル（Dassonville）の
　定式　14
試し撃ち　143, 144
単一欧州議定書　4
知的所有権の貿易的側面に
　関する協定　103
中間試験　142
聴聞の時期　80
聴聞の追完　83, 84
ツァイト財団　132
テンプス計画　130

ナ　行

ニース条約　4
任期付き　134
人間の尊厳　74
能力手当　134

ハ　行

ハンブルク大学　132
ピア・レビュー　136

必修科目 141
比例原則 18
不確定法概念 56, 90
副専攻課程 140
不作為監督権 53
ブセリウス・ロースクール 132
フランスおよびドイツにおける法曹養成の実情に関する調査報告書 147
文教予算 137
フンボルトの理念 146
ヘルベルガー（Sepp Herberger） 146
弁護士をモデル 141
法学教育 140
法学博士 133
法科大学院における臨床系教育 147
法曹養成制度改革の内容 138
法治国家原理 74
法治国家的原則 16
法の一般原則 15, 17, 48, 54, 87
補完性原理 18
補助金 103
ボローニャ宣言 130

マ　行

マーストリヒト条約 4
マーストリヒト判決 39
マギスター課程 140
ミュンスター大学法学部 135, 142
民営化 100, 123

ヤ　行

有限責任会社 112
ヨーロッパ議会 7
ヨーロッパ共同体 4, 5, 6
ヨーロッパ裁判所 8, 64, 65
ヨーロッパ人権条約 11, 16
ヨーロッパ中央銀行 107
ヨーロッパ評議会 16
ヨーロッパ連合 5

ラ　行

ラーケン（Laeken）会談 5
ラント 40, 44, 50, 51, 53
理事会 7, 34
ルフトハンザ 107
連邦議会 34
連邦憲法裁判所 37, 38, 39, 40, 51
連邦参議院 34, 35, 86
連邦忠誠の原則 44
ローレンツ・フォン・シュタイン 100
論述式試験 145
論文式試験 143

Prof. Dr. Dirk Ehlers

Schriftenverzeichnis

(Stand : Dezember 2007)

I. Monographien ... 7
II. Lehrbuchliteratur ... 7
III. Kommentarliteratur ... 8
IV. Herausgegebene Sammelbände (mit eigenen Beiträgen) ... 9
V. Staatsrechtslehrervortrag ... 11
VI. Gutachten für den Deutschen Juristentag ... 11
VII. Aufsätze ... 11
VIII. Beiträge in Sammelwerken ... 18
IX. Handbuchbeiträge ... 19
X. Lexikonbeiträge ... 20
XI. Festschriftbeiträge ... 20
XII. Anmerkungen ... 22
XIII. Fallbesprechungen ... 23
XIV. Buchbesprechungen ... 24
XV. Allgemeines ... 26
XVI. Jura-Karteikarten ... 28

I. Monographien

Entkonfessionalisierung des Religionsunterrichts, Eine Untersuchung über die inhaltlichen Gestaltungsanforderungen der Verfassung, Luchterhand-Verlag, Berlin und Neuwied 1975 (Dissertation).

Verwaltung in Privatrechtsform, Verlag Duncker & Humblot, Berlin 1984 (Habilitationsschrift), Neudruck 2002.

Der gerichtliche Rechtsschutz der Gemeinde gegenüber Verwaltungsakten des Finanzamtes im Gewerbesteuerverfahren, Verlag Duncker & Humblot, Berlin 1986.

Grundsatzfragen des Verwaltungsrechts (Sammlung in Japan gehaltener Vorträge, in japanischer Sprache, in Vorbereitung).

Ziele der Wirtschaftsaufsicht (= Studien zum öffentlichen Wirtschaftsrecht, Bd. 33), Carl Heymanns Verlag, Köln 1997 (ins Chinesische übersetzt, abgedruckt in : Chen, Theorie und neue Tendenzen des Wirtschaftsrechts, Han-Lu Verlag, 2. Aufl. 2000, S. 261 ff.).

Die Erledigung von Gemeindeaufgaben durch Verwaltungshelfer (= Kommunalwissenschaftliche Forschung und kommunale Praxis, Bd. 6), Carl Heymanns Verlag, Köln 1997.

Verfassungsrechtliche Fragen der Richterwahl, Zu den Möglichkeiten und Grenzen der Bildung von Richterwahlausschüssen, Verlag Duncker & Humblot, Berlin 1998, 91 S. (MBR 116).

Die Europäisierung des Verwaltungsprozeßrechts, Heymanns Verlag, Köln 1999, 162 S.

Die Lehre von der Teilrechtsfähigkeit juristischer Personen des öffentlichen Rechts und die ultra-vires-Doktrin des öffentlichen Rechts, Verlag Duncker & Humblot, Berlin 2000, 88 S. (= MBR 130)

Grundfragen berufsständischer Versorgungswerke, Köln 2002, 178 S.

Die Aufgaben der Rechtsanwaltsammern, Berlin 2006, Deutscher Anwaltverlag Bonn, zusammen mit Marc Lechleitner.

II. Lehrbuchliteratur

Wirtschaftsaufsicht, in : Achterberg/ Püttner (Hrsg.), Besonderes Verwaltungsrecht, 1990, S. 65-254.

Verwaltung und Verwaltungsrecht im demokratischen und sozialen Rechtsstaat, in : Erichsen/ Martens (Hrsg.), Allgemeines Verwaltungsrecht, 9. Aufl. 1992, S. 1-99 (zusammen mit von Münch).

Verwaltung und Verwaltungsrecht im demokratischen und sozialen Rechtsstaat, in : Erichsen (Hrsg.), Allgemeines Verwaltungsrecht, 10. Aufl. 1995, S. 1-110 (Neubearbeitung).

Verwaltung und Verwaltungsrecht im demokratischen und sozialen Rechtsstaat, in : Erichsen (Hrsg.), Allgemeines Verwaltungsrecht, 11. Aufl. 1998, de Gruyter, Berlin, S. 1-125 (Neubearbeitung).

Öffentliches Wirtschaftsrecht (Gewerbe-, Handwerks- und Gaststättenrecht, Energiewirtschaftsrecht), in : Achterberg/ Püttner/ Würtenberger (Hrsg.), Besonderes Verwaltungsrecht, 2. Aufl., 2000, C. F. Müller Verlag, Heidelberg, S. 96-217, S. 238-306.

Erichsen/ Ehlers (Hrsg.), Allgemeines Verwaltungsrecht, 12. Aufl. 2002, Berlin, 596 S.

Dirk Ehlers (Hrsg.), Europäische Grundrechte und Grundfreiheiten, Berlin 2003, de Gruyter, 509 S.

Die Anstalt öffentlichen Rechts als neue Unternehmensform der kommunalen Wirtschaft, in : Schmidt-Aßmann/ Dolde (Hrsg.), Beiträge zum öffentlichen Wirtschaftsrecht : Verfassungsrechtliche Grundlagen, Liberalisierung und Regulierung, öffentliche Unternehmen, Verlag Recht und Wirtschaft Frankfurt, 2005, S. 203-236.

Dirk Ehlers (Hrsg.), Europäische Grundrechte und Grundfreiheiten, 2. Aufl. Berlin 2005, de Gruyter.

Erichsen/ Ehlers (Hrsg.), Allgemeines Verwaltungsrecht, 13. Aufl. 2006, Berlin, 983 S.

III. Kommentarliteratur

Mitwirkung an dem Kommentar von Schoch/ Schmidt-Aßmann/ Pietzner (Hrsg.), VwGO, 1996 (§ 40 VwGO, Art. 100 GG, Art. 177 EGV, §§ 17 bis 17 b GVG).

Mitwirkung an dem Kommentar von Sachs (Hrsg.), Grundgesetz, München, Beck, 1996 (Art. 140 GG).

Mitwirkung an dem Kommentar von Sachs (Hrsg.), Grundgesetz, 2. Aufl. 1999, München, Beck (Art. 140 GG).

Mitwirkung an dem Kommentar von Sachs (Hrsg.), Grundgesetz, 3. Aufl. 2002, München, Beck (Art. 140 GG).

Kommentierung der VO 2603/69 Allgemeine Ausfuhrregelungen (zus. mit Hermann Pünder), in : Grabitz/ Hilf Das Recht der Europäischen Union, Bd. IV Außenwirtschaftsrecht, hrsg. V. Krenzler, E XV, 13. Erg.-Lfg. 1999 (29 S.).

Kommentierung der VO 3911/92 Ausfuhrregelung für Kulturgüter, in : Grabitz/ Hilf Das Recht der Europäischen Union, Bd. IV Außenwirtschaftsrecht, Hrsg. V. Krenzler E XVII, 18. Erg.-Lfg. 2001 (36 S.).

Mitwirkung an dem Kommentar von Sachs (Hrsg.), Grundgesetz, 4. Aufl. 2007, München, Beck (Art. 140 GG S. 2397-2448) 2575 S.

IV. Herausgegebene Sammelbände (mit eigenen Beiträgen)

Heinrich Dörner/ Dirk Ehlers (Hrsg.), Rechtsprobleme der EDV, Frankfurt a.M., Metzner, 1989.

Dirk Ehlers (Hrsg.), Kommunale Wirtschaftsförderung, Köln/ Stuttgart/ Hannover/ Kiel/ Mainz/ Berlin, Kohlhammer, 1990.

Dieter Birk/ Dirk Ehlers (Hrsg.), Rechtsfragen des Europäischen Steuer-, Zoll- und Außenwirtschaftsrechts, Köln, Otto Schmidt Verlag, 1995.

Dirk Ehlers/ Hans-Michael Wolffgang (Hrsg.), Rechtsfragen der Ausfuhrkontrolle und Ausfuhrförderung (= Schriftenreihe zum Außenwirtschaftsrechtstag, Bd. 1), Lit Verlag, Münster 1997.

Dirk Ehlers/ Hans-Michael Wolffgang (Hrsg.), Rechtsfragen der Europäischen Marktordnungen (= Schriften zum Außenwirtschaftsrecht, Bd. 1), Aschendorff Rechtsverlag, Köln 1998, 292 S.

Dirk Ehlers/ Hans-Michael Wolffgang (Hrsg.), Rechtsfragen der Exportkontrolle (= Schriften zum Außenwirtschaftsrecht, Bd. 3), Aschendorff Rechtsverlag, Köln 1999, 176 S.

Dirk Ehlers/ Hans-Michael Wolffgang/ Hermann Pünder (Hrsg.), Rechtsfragen des Handelsschutzes im globalen Wettbewerb (= Schriften zum Außenwirtschaftsrecht, Bd. 5), Aschendorff Rechtsverlag, Köln 2000, 165 S.

Dirk Ehlers/ Walter Krebs (Hrsg.), Grundfragen des Verwaltungsrechts und des Kommunalrechts, Berlin, de Gruyter, 2000.

Janbernd Oebbecke/ Dirk Ehlers/ Alexander Schink/ Hermann Pünder (Hrsg.), Kommunalfinanzen, Kohlhammer/ Deutscher Gemeindeverlag, Köln 2001, 155 S. (ISBN 3-555-01251-7).

Janbernd Oebbecke/ Dirk Ehlers/ Alexander Schink/ Hermann Pünder (Hrsg.), Die nordrhein-westfälische Gemeindeprüfung in der Diskussion, Kohlhammer/ Deutscher Gemeindeverlag, Köln 2001, 79 S. (ISBN 3555-01252-5).

Dirk Ehlers/ Hans-Michael-Wolffgang/ Hermann Pünder (Hrsg.), Rechtsfragen des Electronic Commerce (= Schriften zum Außenwirtschaftsrecht, Bd. 6), Aschendorff Rechtsverlag, Köln 2001, 201 S.

Dirk Ehlers/ Hans-Michael Wolffgang/ Hermann Pünder (Hrsg.), Rechtsfragen des internationalen Schutzes geistigen Eigentums (= Schriften zum Außenwirtschaftsrecht, Bd. 8), Aschendorff Rechtsverlag, Münster/ Köln 2002, 242 S.

Janbernd Oebbecke/ Dirk Ehlers/ Alexander Schink/ Hermann Pünder (Hrsg.), Aktuelle Fragen der Sparkassenpolitik, 2002.

Dirk Ehlers/ Hans-Michael Wolffgang/ Hermann Pünder (Hrsg.), Rechtsfragen der Ausfuhrförderung, Verlag Recht und Wirtschaft, Heidelberg, 2003.

Dirk Ehlers/ Hans-Michael Wolffgang/ Marc Lechleitner (Hrsg.), Risikomanagement im Exportkontrollrecht (Schriften zum Außenwirtschaftsrecht), Verlag Recht und Wirtschaft, Heidelberg, 2004.

Janbernd Oebbecke/ Dirk Ehlers/ Alexander Schink/ Dörte Diemert (Hrsg,), Kommunalverwaltung in der Reform, Kohlhammer/ Deutscher Gemeindeverlag, Bd. 51, 2004.

Ehlers/ Wolffgang/ Lechleitner (Hrsg.), Rechtsfragen des Zolls in globalen Märkten, Schriften zum Außenwirtschaftsrecht, Verlag Recht und Wirtschaft, Frankfurt 2005.

Großfeld/ Yamauchi/ Ehlers/ Ishikawa (Hrsg.), Probleme des deutschen, europäischen und japanischen Rechts, Duncker & Humblot, Berlin 2006.

Veröffentlicht auch in japanischer Sprache : 石川敏行／ディルク・エーラース／ベルンハルト・グロスフェルト／山内惟介編著『共演 ドイツ法と日本法』中央大学・ミュンスター大学交流20周年記念論集，日本比較法研究所研究叢書73（中央大学出版部，2007年）［ディルク・エーラース（工藤達朗訳）「ヨーロッパにおける基本権保護」同書57-79頁］.

Oebbecke/ Ehlers/ Klein/ Teurl/ Diemert (Hrsg.), Perspektiven für Sparkassen und Genossenschaftsbanken 2006.

Ehlers/ Wolffgang/ Lechleitner (Hrsg.), Rechtsfragen des internationalen Dienstleistungsverkehrs, Schriften zum Außenwirtschaftsrecht, Verlag Recht und Wirtschaft Frankfurt, 2006.

Oebbecke/ Ehlers/ Klein/ Diemert (Hrsg.), Zwischen kommunaler Kooperation und Verwaltungsreform, Kohlhammer/ Deutscher Gemeindeverlag, Bd. 58, 2006.

Ehlers/ Wolffgang/ Schröder (Hrsg.), Subventionen im WTO- und EG-Recht, Schriften zum Außenwirtschaftsrecht, Verlag Recht und Wirtschaft Frankfurt, 2007.

V. Staatsrechtslehrervortrag

Eigentumsschutz, Sozialbindung und Enteignung bei der Nutzung von Boden und Umwelt, in : VVDStRL 51 (1992), S. 211-251.

VI. Gutachten für den Deutschen Juristentag

Empfiehlt es sich, das Recht der öffentlichen Unternehmen im Spannungsfeld von öffentlichem Auftrag und Wettbewerb national und gemeinschaftsrechtlich neu zu regeln?, Gutachten E für den 64. Deutschen Juristentag Berlin 2002, München, C. H. Beck, 2002, 165 S., ISBN 3-406-49349-1.

Empfiehlt es sich, das Recht der öffentlichen Unternehmen im Spannungsfeld von öffentlichem Auftrag und Wettbewerb national und gemeinschaftsrechtlich neu zu regeln?, in : Verhandlungen des 64. Deutschen Juristentages, 2002, Band II/2 (Sitzungsberichte), Teil O, O 84 ff. ; O146 ff. ; O251 ff.

VII. Aufsätze

Die Beiladung im Ausländerprozeß, in : Neue Juristische Wochenschrift 1975, S. 2125-2130.

Schule, Weltanschauung und Religion, in : Recht der Jugend und des Bildungswesens 1975, S. 136-141.

Die Problematik des Vorverfahrens nach der gerichtlichen Aussetzung der Untätigkeitsklage, in : Deutsches Verwaltungsblatt 1976, S. 71-73.

Die Organisation der inhaltlichen Entscheidungsprozesse auf dem Gebiet des öffentlichen Schulwesens im Spiegel der Rechtsprechung, Eine Untersuchung über die verfassungsrechtlichen Vorgaben, in : Deutsches Verwaltungsblatt 1976, S. 615-622.

Verwaltungsrechtsdogmatik und modifizierende Auflage, in : Verwaltungsarchiv, Bd. 67 (1976), S. 369-383.

Die Haftung der öffentlichen Bediensteten nach den Vorschlägen zur Reform des Staatshaftungsrechts, in : Zeitschrift für Beamtenrecht 1977, S. 180-184.

Die Anpassung der Landesverwaltungsverfahrensgesetze an das Verwaltungsverfahrensgesetz des Bundes, in : Deutsches Verwaltungsblatt 1977, S. 693-695.

Gesetzesvorbehalt und Hausrecht der Verwaltungsbehörden, in : Die öffentliche Verwaltung 1977, S. 737-743.

Staatlicher Rechtsschutz gegenüber den Religionsgemeinschaften in amts- und dienstrechtlichen Angelegenheiten, in : Zeitschrift für evangelisches Kirchenrecht, Bd. 27 (1982), S. 269-295.

Die Handlungsformen bei der Vergabe von Wirtschaftssubventionen, in : Verwaltungsarchiv, Bd. 74 (1983), S. 112-132.

Rechtsstaatliche und prozessuale Probleme des Verwaltungsprivatrechts, in : Deutsches Verwaltungsblat 1983, S. 422-430.

Die Rechtsnatur der Aufrechnung im öffentlichen Recht, in : Neue Zeitschrift für Verwaltungsrecht 1983, S. 446-451.

Rechtsprobleme der Anhörung im sozialrechtlichen Verwaltungsverfahren, in : Die Verwaltung 1984, S. 295-318.

Die Verfassungsmäßigkeit der Neuregelung des Nebentätigkeitsrechts der Beamten in Nordrhein-Westfalen, in : Deutsches Verwaltungsblatt 1985, S. 879-884.

Die Zulässigkeit von öffentlich-rechtlichen Verträgen über die Ablösung der Stellplatz- oder Garagenbaupflicht, in : Deutsches Verwaltungsblatt 1986, S. 529-537.

Die Entscheidung der Kommunen für öffentlich-rechtliche oder privatrechtliche Organisationsformen, in : Eildienst Landkreistag Nordrhein-Westfalen 1986, S. 160-161.

Rechtsverhältnisse in der Leistungsverwaltung, in : Deutsches Verwaltungsblatt 1986, S. 912-922.

Die Entscheidung der Kommunen für eine öffentlich-rechtliche oder privatrechtliche Organisation ihrer Einrichtungen und Unternehmen, in : Die öffentliche Verwaltung 1986, S. 897-905.

Die gemeinsamen Angelegenheiten von Staat und Kirche, in : Zeitschrift für evangelisches Kirchenrecht, Bd. 32 (1987), S. 158-185.

Die Grenzen der Mitbestimmung in öffentlichen Unternehmen, in : Juristenzeitung 1987, S. 218-227.

Die Rechtsnatur der Bekanntgabe von Smog-Alarm, in : Deutsches Verwaltungsblatt 1987, S. 972-979.

Die Unterscheidung von privatem und öffentlichem Recht, in : Die Verwaltung 1987, S. 373-385.

Die Volksvertretung auf Gemeinde- und Kreisebene, in : Juristische Ausbildung 1988, S. 337-343.

Datenschutzrechtliche Probleme öffentlich-rechtlicher Kreditinstitute (Teil I), in : Informatik und Recht 1988, S. 229-240.

Datenschutzrechtliche Probleme öffentlich-rechtlicher Kreditinstitute (Teil II), in : Informatik und Recht 1988, S. 284-293.

Die Gefahrerforschung beim Verdacht von Altlasten, in : Westfälische-Wilhelms Universität Münster, 1988, S. 34 ff.

Der staatliche Gerichtsschutz in kirchlichen Angelegenheiten - BVerwG, NJW 1983, 2580, und BVerwG, NJW 1983, 2582, in : Juristische Schulung 1989, S. 364-373.

Zur Arbeitnehmereigenschaft von Nichtseßhaften, die in Einrichtungen der freien Wohlfahrtspflege beschäftigt sind, in : Neue Zeitschrift für Arbeitsrecht 1989, S. 832-835.

Datenschutzrecht in der Kommunalverwaltung (zusammen mit Ch. Heydemann), in : Deutsches Verwaltungsblatt 1990, S. 1-10.

Die Klagearten und besonderen Sachentscheidungsvoraussetzungen im Kommunalverfassungsstreitverfahren, in : Neue Zeitschrift für Verwaltungsrecht 1990, S. 105-112.

Die Rechtsprechung zum nordrhein-westfälischen Kommunalrecht der Jahre 1984-1989, Teil I, in : Nordrhein-westfälische Verwaltungsblätter 1990, S. 44-51.

Die Rechtsprechung zum nordrhein-westfälischen Kommunalrecht der Jahre 1984-1989, Teil II, in : Nordrhein-westfälische Verwaltungsblätter 1990, S. 80-86.

Das Wirtschaftsverwaltungsrecht im europäischen Binnenmarkt, in : Neue Zeitschrift für Verwaltungsrecht 1990, S. 810-816.

Rechtsfragen der freien Wohlfahrtspflege - dargestellt am Beispiel der Nichtseßhaftenhilfe, in : Neue Juristische Wochenschrift 1990, S. 800-807.

Die Aufrechnung im öffentlichen Recht, in : Juristische Schulung 1990, S. 777-784.

Die wirtschaftliche Betätigung der öffentlichen Hand in der Bundesrepublik Deutschland, in : Juristenzeitung 1990, S. 1089-1100.

Die Einwirkungen des Rechts der Europäischen Gemeinschaften auf das Verwaltungsrecht, in : Deutsches Verwaltungsblatt 1991, S. 605-613.

Die unerwünschte Zusendung von Werbematerial durch öffentliche Unternehmen, in : Juristenzeitung 1991, S. 231-235.

Die öffentliche Verwaltung im technischen Zeitalter, in : Juristische Ausbildung 1991, S. 337-342.

Zur Reform der Kommunalverfassung in Nordrhein-Westfalen, Einführungsreferat, in : Nordrhein-westfälische Verwaltungsblätter 1991, S. 397-402.

Die Fristsetzung nach § 25 Abs. 4 AMG, in : Pharma Recht 1992, S. 98-108.

A atividade economica do estado na Republica Federal da Alemanha, in : Direito E Justica, Vol. 14 (1992), Seite 13-49.

The German Unification - Background and Prospects, Loyola of Los Angeles International and Comparative Law Journal, Heft 4 (1993), 771-811.

Die Klagebefugnis nach deutschem, europäischem Gemeinschafts- und U.S.-amerikanischem Recht, Verwaltungsarchiv 84 (1993), 139-177.

Die Kontrolle von Subventionen, in : Deutsches Verwaltungsblatt 1993, S. 861-868.

Das öffentliche Sachenrecht - ein Trümmerhaufen, Nordrhein-Westfälische Verwaltungsblätter 1993,S. 327-333.

Die Finanzierung der Wirtschaftsaufsicht des Bundes durch Wirtschaftsunternehmen (zusammen mit W. Achelpöhler), NVwZ 1993, S. 1025-1031.

Die Weiterentwicklung des Staatshaftungsrechts durch das europäische Gemeinschaftsrecht. Das Brasserie du pêcheur-Urteil des EuGH und seine Folgen, JZ 1996, S. 776-783.

Anhörung im Verwaltungsverfahren, Jura 1996, Heft 12, S. 617-624.

Mitbestimmung in der Verwaltung, Jura 1997, Heft 4, S. 180-186.

Interkommunale Zusammenarbeit in Gesellschaftsform, Deutsches Verwaltungsblatt (DVBl.) 1997, Heft 3, S. 137-145.

Die Ergänzungs- und Ausgleichsaufgaben der Kreise und ihre Finanzierung, Deutsches Verwaltungsblatt (DVBl.) 1997, Heft 4-5, S. 225-234.

Vorläufiger Rechtsschutz im Geltungsbereich des Zollkodex, Zeitschrift für Europarecht, Heft 1/1997, S. 74-82 (zusammen mit H. Pünder).

Die Verfassungsmäßigkeit von Überhangmandaten, Juristenzeitung (JZ) 1997, Jg. 52, S. 761-764 (zusammen mit M. Lechleitner).

Der Verbraucherschutz nach deutschem Wettbewerbsrecht, in : Revue de Droit compare, Vol. XXX, 1997, S. 186 ff., hrsg. v. Institut Japonais de droit compare (in japanischer Sprache).

Das Verwaltungsverfahrensgesetz im Spiegel der Rechtsprechung, Die Verwaltung 1998, Bd. 31, Heft 1, S. 53-80.

Rechtsprobleme der Kommunalwirtschaft, Deutsches Verwaltungsblatt (DVBl.) 1998, Jg. 113, Heft 10, S. 497-508.

Die Vereinbarkeit der „Alcan“ -Rechtsprechung des EuGH mit dem deutschen Verfassungsrecht. Zugleich eine Anmerkung zum Urteil des BVerwG vom 23. 4. 1998 - 3 C 15. 97, in : Deutsche Zeitschrift für

Wirtschaftsrecht, 1998, Heft 12, S. 491-494.

Die Haftung der Religionsgemeinschaften mit öffentlich-rechtlichem Körperschaftsstatus, ZevKR 44 (1999), Heft 1, S. 4-50.

Die Zulässigkeit einer erwerbswirtschaftlichen Betätigung der öffentlichen Hand, in : Juristische Ausbildung, 1999, Jg. 21, Heft 4, S. 212-217.

Rechtsprobleme der Rückforderung von Subventionen, Gewerbearchiv 1999, 45. Jg., Heft 8, S. 305 ff.

Wirtschaftliche Betätigung der Gemeinden und Landkreise - Zum rechtlichen Rahmen-, in : NLT-Information, Niedersächsischer Landkreistag 1999, S. 17-24.

Religiöse Freiheit und staatliche Letztentscheidung - zugleich eine Besprechung der gleichnamigen Habilitationsschrift von *Stefan Muckel,* in : Zeitschrift für evangelisches Kirchenrecht, Jahrgang 44 (1999), Heft 4, S. 533-539.

Sperrklauseln im Wahlrecht, in : Jura - Juristische Ausbildung 1999, 21. Jg., Heft 12, S. 660-666.

Die Lage des Staatskirchenrechts in der Bundesrepublik Deutschland, in : Zeitschrift für evangelisches Kirchenrecht, Jahrgang 45 (2000), Heft 1, S. 201-219.

Das neue Kommunalwirtschaftsrecht in Nordrhein-Westfalen, in : Nordrhein-westfälische Verwaltungsblätter 2000, 14. Jahrgang, Heft 1, S. 1-7.

„Ungeschriebene Kompetenzen“, in : JURA - Juristische Ausbildung 2000, 22. Jahrgang, Heft 6, S. 323-329.

Die Europäische Menschenrechtskonvention, in : JURA - Juristische Ausbildung 2000, 22. Jahrgang, Heft 7, S. 372-383.

Handelsschutz im globalen Wettbewerb, in : Europäisches Wirtschafts- & Steuerrecht (EWS) 2000, S. I.

Die verfassungsrechtliche Garantie der kommunalen Selbstverwaltung, in : Deutsches Verwaltungsblatt 2000, Jg. 115, Heft 18, S. 1301-1310.

Bestandskraft von vor Vergabe der UMTS-Lizenzen erlassenen verfahrensleitenden Verfügungen der RegTP, in : Kommunikation & Recht (K&R), 4. Jahrgang, 2001, Heft 1, S. 1-13.

Kommunalaufsicht und europäisches Gemeinschaftsrecht, in : Die Öffentliche Verwaltung 2001, 54. Jahrgang, Heft 10, S. 412-417.

Die Grundfreiheiten des europäischen Gemeinschaftsrechts, Teil I, in : Jura - Juristische Ausbildung, 23. Jg., 2001, Heft 4, S. 266-275.

Die Fortsetzungsfeststellungsklage, in : JURA - Juristische Ausbildung, 23. Jg., 2001, Heft 6, S. 415-423.

Die Grundfreiheiten des europäischen Gemeinschaftsrechts, Teil II, in : Jura - Juristische Ausbildung, 23. Jg., 2001, Heft 7, S. 482-489.

Problemstellungen des Vertragsstaatskirchenrechts, in : Zeitschrift für evangelisches Kirchenrecht (ZevKR), Heft 3, 46 (2001), S. 286-318.

Местное Самоуправление В Германии, ГОСУДАРСТВО И ПРАВО, №. 3, 2002, с. 68-74.

Die Grundrechte des europäischen Gemeinschaftsrechts, in : Juristische Ausbildung (JURA) 2002, 24. Jahrgang, Heft 7, S. 468 . 477.

Die Bedeutung des sparkassenrechtlichen Regionalprinzips angesichts neuer Vertriebswege, in : Der Landkreistag 2002, S. 590-592 (zusammen mit Volker Schepers).

Empfiehlt es sich, das Recht der öffentlichen Unternehmen im Spannungsfeld von öffentlichem Auftrag und Wettbewerb national und gemeinschaftsrechtlich neu zu regeln?, NJW-Beilage 23/2002, S. 33-36.

Der Anwendungsbereich der Verwaltungsverfahrensgesetze, in : Jura - Juristische Ausbildung, 25. Jg., 2003, Heft 1, S. 30-34.

Die Zukunft der Kommunalwirtschaft, in : Der Landkreis, Heft 1, 2003, S. 22-25.

Organstreitverfahren vor dem Bundesverfassungsgericht gemäß Art. 93 Abs. 1 Nr. 1 GG, §§ 13 Nr. 5, 63 ff. BVerfGG, in : Juristische Ausbildung (JURA), 25. Jg., 2003, Heft 5, S. 315-320.

Grundfragen berufsständischer Versorgungswerke ABV-report Nr. 01/ 2003, 7-21.

Die Anstalt öffentlichen Rechts als neue Unternehmensform der kommunalen Wirtschaft, in : ZHR 167, 2003, Heft 5, S. 546-579.

Die Bindung der Kirchen an den Gleichheitssatz bei der Erhebung von Kirchensteuern, in ZEvKR 48 (2003), Heft 4, S. 492-501.

Die verwaltungsgerichtliche Anfechtungsklage (Teil I), in : Juristische Ausbildung (JURA), 26. Jg., 2004 Heft 1, S. 30-36.

Die verwaltungsgerichtliche Anfechtungsklage (Teil II), in : Juristische Ausbildung (JURA), 26. Jg., 2004 Heft 3, S. 176-182.

Das Verwaltungsverfahrensgesetz im Spiegel der Rechtsprechung der Jahre 1998-2003, in Die Verwaltung 37 (2004) S 255-292.

Rechtsfragen der Vollstreckung kirchlicher Gerichtsentscheidungen, in : Zeitschrift für evangelisches Kirchenrecht 2004, S. 496-518.

Die verwaltungsgerichtliche Verpflichtungsklage, in : Juristische Ausbildung (JURA), 26 Jg., 2004, Heft 5, S. 310-316.

Ehlers/ Baumann : Rechtsfragen der Finanzierung des öffentlichen Personennahverkehrs im Kreisgebiet, DVBl. 2004, 525 ff.

Die Europäisierung des Verwaltungsprozessrechts, Dokumentation zum 14. Deutschen Verwaltungsrichtertag 2004, S. 167 ff.

Die Europäisierung des Verwaltungsprozessrechts, in : Deutsches Verwaltungsblatt (DVBl), 119. Jg. 2004 Heft 23, S. 1441-1500.

Rechtsfragen der Vollstreckung kirchlicher Gerichtsentscheidungen, in : Zeitschrift für evangelisches Kirchenrecht 49 (2004), S. 496 ff.

Europa- und verfassungsrechtliche Vorgaben, in : Rechtspraxis der kommunalen Unternehmen – Ein Handbuch – Verlag C.H. Beck München 2005, S. 11-32.

Die verwaltungsgerichtliche Normenkontrolle, in : Juristische Ausbildung (JURA), 2005 Heft 3, S. 171-177.

Die allgemeine verwaltungsgerichtliche Leistungsklage, in : Juristische Ausbildung (JURA), 2006 Heft 5, S. 351-358.

Ehlers/ Lechleitner, Die Aufgaben der Rechtsanwaltskammern, in : Anwaltsblatt, 2006, Heft 6, S. 361-367.

La proteccion de los derechos fundamentales en Europa. Una contribucion desde la perspectiva alemana. In : Revista Espanola de Drecho Constitucional. No. 77, 2006, S. 27-50.

Die Pflichten der kommunalen Volksvertreter in Deutschland, Local Government Law Journal 2007 (herausgegeben vom Korean Local Government Law Association Seoul, Korea). S. 181-193.

Die Reform der deutschen Juristenausbildung, Sonderdruck, Kyoto University Law School, 2007.03.

Die Verfassungsmäßigkeit des § 14 Absatz 2 Satz 4 des Regierungsentwurfs eines Gesetzes zur Errichtung einer Deutschen Arzneimittel- und Medizinprodukteagentur, PharmR 4/2007, S. 133-176.

Verwaltungsgerichtliche Feststellungsklage, in : Juristische Ausbildung (JURA), 2007 Heft 3, S. 179-188.

Der Rechtsschutz in Bezug auf das Europäische Unions- und Gemeinschaftsrecht, in : Juristische Ausbildung (JURA) 2007, 505-510.

Die Entwicklung des kommunalen Wirtschaftsrechts, in : Der Landkreis 2007, S. 456-464.

Vertragsverletzungsklage des Europäischen Gemeinschaftsrechts, in : Juristische Ausbildung (JURA), 2007, Heft 9, S. 684-689.

Allgemeine Sachentscheidungsvoraussetzungen verwaltungsgerichtlicher Rechtsschutzanträge (Teil I.), in : Juristische Ausbildung (JURA), 2007, Heft 11, S. 830-837.

VIII. Beiträge in Sammelwerken

Religionsunterricht nach dem Grundgesetz, in : Rechtsanspruch Religionsunterricht, Hofgeismar 1976, S. 77-82.

Die Gefahrenerforschung beim Verdacht von Altlasten, in : Abfall und Schadstoffbelastung - ein interdisziplinäres Kolloquium der Universität Münster, 1988, S. 34-37.

Mitbestimmung und Verfassung, in : Verfassung - Mitbestimmung - Öffentlicher Dienst, 1988, S. 73-80.

Rechtsprobleme der kommunalen Wirtschaft, in : Erichsen (Hrsg.), Kommunalverfassung heute und morgen - Bilanz und Ausblick, 1989, S. 101-107.

Rechtliche Rahmenbedingungen und mögliche Gestaltungsformen der Zusammenarbeit von Universitäten und Wirtschaft, in : Pontificia Universidade Catolica de Sao Paulo (Hrsg.), Seminário Internacional de Transferencia de Tecnologia, Pesquisa, Servicos, Sao Paulo, 1990, S. 65-93.

Das Gewerbe- und Wirtschaftsverwaltungsrecht im europäischen Binnenmarkt, in : Hoppe/ Schink (Hrsg.), Kommunale Selbstverwaltung und europäische Integration, 1990, S. 55-70.

Zulässigkeit und Grenzen einer Erhebung von Entgelten für die Sondernutzung öffentlicher Straßen (zusammen mit D. Birk ; in Vorbereitung).

Steuerung kommunaler Aufgabenerfüllung durch das Gemeinschaftsrecht, in : Erichsen (Hrsg.), Kommunale Verwaltung im Wandel, Carl Heymanns Verlag, Köln 1999, S. 21-37.

Rechtsprobleme der Rückforderung von Subventionen, in : Stober/ Vogel (Hrsg.), Subventionsrecht und Subventionspolitik auf dem Prüfstand, Köln : Carl Heymanns Verlag 1999, S. 127-169.

Universitätsrepetitorium und Privatrepetitorium, in : Herzberg/ Ipsen/ Schreiber (Hrsg.), Effizient studieren : Rechtswissenschaften, Wiesbaden 1999, S. 199-211.

Die Zukunft des Universitätsrepetitoriums aus der Sicht der Rechtswissenschaftlichen Fakultät, in : Behmenburg/ Fronemann/ Gregoritza/ v. Ungern-Sternberg (Hrsg.), Die juristische Examensvorbereitung, Lit Verlag, Münster 1999 (= Münsteraner Einführungen : Juristische Arbeitsbücher 2).

Die Auswirkungen des europäisierten Energierechts auf die Kommunen,

in : Henneke (Hrsg.), Kommunen und Europa - Herausforderungen und Chancen, Stuttgart : Boorberg Verlag, 2000, S. 97-130.

Der Bedeutungswandel im Staatskirchenrecht, in : Pieroth (Hrsg.), Verfassungsrecht und soziale Wirklichkeit in Wechselwirkung, S. 85-112, Verlag Duncker & Humblot, Berlin 2000 (= MBR 131).

Das selbständige Kommunalunternehmen des öffentlichen Rechts, in : Henneke (Hrsg.), Kommunale Aufgabenerfüllung in Anstaltsform, Stuttgart, Boorberg Verlag 2000, S. 47-66.

Was können und was müssen Kommunen und Kommunalaufsicht von/ an Europa lernen? – Kommunalaufsicht und europäisches Gemeinschaftsrecht –, in : Innenministerium des Landes Nordrhein-Westfalen (Hrsg.), Tagungsbericht zum Forum „Kommunalaufsicht im Spannungsfeld von kommunaler Selbstverwaltung und gesamtstaatlicher Verantwortung" vom 25.10.2000, Düsseldorf 2001, S. 137-149.

Möglichkeiten und Grenzen kommunaler Wirtschaftsbetätigung, in : Ipsen (Hrsg.), Kommunalwirtschaft im Umbruch, 11. Bad Iburger Gespräche, Osnabrück 2001, S. 10-34. (Universitätsverlag Rasch, Osnabrück, ISBN 3-934005-88-8).

Die Bestandskraft der von der RegTP vor der Vergabe der UMTS-Lizenzen erlassenen verfahrensleitenden Verfügungen, in : Hermann-Josef Piepenbrock/ Fabian Schuster (Hrsg.), UMTS-Lizenzvergabe. Rechtsfragen der staatlichen Versteigerung knapper Ressourcen, Baden-Baden 2001, S. 114-151 (NOMOS, Baden-Baden, ISBN 3-7890-7611-2).

Die Verantwortung kommunaler Mandatsträger, in : Henneke/ Meyer (Hrsg.), Kommunale Selbstverwaltung zwischen Bewährung, Bewahrung und Entwicklung, Richard Boorberg Verlag Stuttgart 2006, S. 185-205.

Zehn Jahre Fachspezifische Fremdsprachenausbildung an der Rechtswissenschaftlichen Fakultät Münster in : Freundeskreis Rechtswissenschaft (Hrsg.), Schlaglichter 5, 2006, S. 27 ff.

Die Entwicklung des kommunalen Wirtschaftsrechts, in : Henneke (Hrsg.), Öffentlicher Auftrag bei sich wandelnden Marktbedingungen, 2007, S. 83-111.

IX. Handbuchbeiträge

Rechts- und Amtshilfe, in : Listl/ Pirson (Hrsg.), Handbuch des Staatskirchenrechts, 2. Auflage, Bd. II, 1996.

Staatshaftung im Multimediabereich, in : Hoeren/ Sieber, Handbuch Multimedia Recht, Teil 18.3, S. 1-48, 2005 (mit Karsten Baumann).

Kollisionsrecht im Verhältnis der Gemeinschaft zu dem Recht der Mitgliedstaaten in : Schulze/ Zuleeg (Hrsg.), Europarecht, Handbuch für die deutsche Rechtspraxis, 2006, 383 ff.

Anforderungen an die Errichtung und Organisation von Versorgungswerken, in : Kluth (Hrsg.), Jahrbuch des Kammer- und Berufsrechts 2005, Nomos 2006, S. 211-227.

§ 21 Die Gemeindevertretung, in : Mann/ Püttner (Hrsg.), Handbuch der kommunalen Wissenschaft und Praxis, 3. Aufl., Springer 2007, S. 459-534.

X. Lexikonbeiträge

Artikel „Erwerbswirtschaftliche Betätigung der öffentlichen Hand", in : Bunte/ Stober, Lexikon des Rechts der Wirtschaft, E 860, S. 1-8, 33. Erg.-Lfg. April 1999.

Erwerbswirtschaftliche Betätigung der öffentlichen Hand, in : Stober (Hrsg.), Lexikon des Rechts, Gewerberecht, Neuwied, Kriftel, Luchterhand Verlag GmbH 1999, S. 149-154.

Angelegenheiten, eigene ; Angelegenheiten, gemeinsame ; Angelegenheiten, gemischte ; Angelegenheiten, innere (Kurzartikel), in : Lexikon für Kirchen- und Staatskirchenrecht, Bd. 1, A-F, 2. Aufl. 2000, Schöningh, Paderborn, Gemeinsame Angelegenheiten, in : Betz, Dieter, Browning, Don S., Janowski, Bernd, Jüngel, Eberhard, Religion in Geschichte und Gegenwart, Band 3, 4. Aufl., Tübingen, Mohr Siebeck.

Rechtshilfe, in : Religion in Geschichte und Gegenwart (Band 7, 4. Aufl.), 2003.

XI. Festschriftbeiträge

Der Beklagte im Verwaltungsprozeß, in : Erichsen/ Hoppe/ v. Mutius (Hrsg.), Festschrift für Christian-Friedrich Menger zum 70. Geburtstag, Köln/ Berlin/ Bonn/ München 1985, S. 379-400.

Rechtstheologische und säkulare Aspekte des evangelischen Kirchenrechts, in : Bartlsperger/ Ehlers/ Hofmann/ Pirson (Hrsg.), Rechtsstaat-Kirche-Sinnverantwortung, Festschrift für Klaus Obermayer zum 70. Geburtstag, München 1986, S. 275-285.

Der Schutz wirtschaftlicher Unternehmen vor terroristischen Anschlägen, Spionage und Sabotage, in : Leßmann/ Großfeld/ Vollmer (Hrsg.), Festschrift für Rudolf Lukes zum 65. Geburtstag, Köln 1989, S. 337-357.

Rechtliche Rahmenbedingungen der Zusammenarbeit von Universitäten und Wirtschaft, in : Festschrift für Walter Stree und Johannes Wessels zum 70. Geburtstag, 1993, S. 1135-1151.

Rechts- und Amtshilfe im Staatskirchenrecht, in : Festschrift für Hans Kiefner zum 65. Geburtstag und zur Emeritierung, 1994, S. 30-59.

Die Befugnis natürlicher und juristischer Personen zur Beantragung einer verwaltungsgerichtlichen Normenkontrolle, in : Planung, Festschrift für Werner Hoppe zum 70. Geburtstag, München, Beck, 2000, S. 1041-1054.

Die Rechtmäßigkeit des Verbots kirchlicher Voraustrauungen, in : Festschrift für Alexander Hollerbach zum 70. Geburtstag, 2001, Berlin, Duncker & Humblot, S. 811-833.

Die Bindungswirkungen von Staatskirchenverträgen, in : Festschrift für Hartmut Maurer, München, Beck, 2001, S. 333-349.

Die Rechtsprechung des Verfassungsgerichtshofs zur 5 %-Sperrklausel im Kommunalwahlrecht, in : Präsident des Verfassungsgerichtshofs für das Land Nordrhein-Westfalen (Hrsg.), Verfassungsgerichtsbarkeit in Nordrhein-Westfalen, Festschrift zum 50-jährigen Bestehen des Verfassungsgerichtshofs für das Land Nordrhein-Westfalen, 2002, S. 273-292.

Die Staatsgewalt in Ketten – zum Demokratiegebot im Sinne des Grundgesetzes –, in : Faber/ Frank (Hrsg.), Demokratie in Staat und Wirtschaft, Festschrift für Ekkehart Stein zum 70. Geburtstag, Tübingen, Mohr Siebeck 2002, S. 125-142. Zulässigkeit und Grenzen der Ausfuhrförderung, in : Osterloh/ Schmidt/ Weber, Staat, Wirtschaft, Finanzverfassung, Festschrift für Peter Selmer zum 70. Geburtstag, 2004 Berlin Duncker & Humblot, S. 287 ff.

Rechtsprobleme öffentlich-rechtlicher Versicherungen – dargestellt am Beispiel der Versorgungswerke berufsständischer Kammern –, in : Bork (Hrsg.), Recht und Risiko, Festschrift für Helmut Kollhosser zum 70. Geburtstag, Karlsruhe, Verlag Versicherungswirtschaft GmbH 2004, S. 93-104.

Rechtsfragen der Existenz, der Wirksamkeit und der Bestandskraft von Verwaltungsakten, in : Liber Amicorum Hans-Uwe Erichsen, Festschrift für Hans-Uwe Erichsen zum 70. Geburtstag, Carl Heymanns Verlag 2004, S. 1-17.

Grundrechtsschutz in Europa, in : Probleme des japanischen, europäischen und deutschen Rechts, Festschrift zum 20jährigen Bestehen der Partnerschaft der Westfalischen Wilhelms-Universität Münster und der Chuo-Universität Tokio, Duncker & Humblot 2006, S. 37-56.

Die Baugenehmigung – Baustein oder Schlussstein der Baufreigabe? In : Schriften zum Öffentlichen Recht, Planung-Steuerung-Kontrolle, Festschrift für Richard Bartlsperger zum 70. Geburtstag, Duncker & Humblot 2006, S. 463 ff.

Die Verantwortung der kommunalen Mandatsträger, in : Henneke/ Meyer (Hrsg.) Kommunale Selbstverwaltung zwischen Bewährung und Bewahrung und Entwicklung, FS für Gernot Schlebusch zum 65. Geburtstag, 2006, S. 185-206.

XII. Anmerkungen

Anmerkung (zum Beschluß des BVerwG v. 19. 03. 1984), in : Juristenzeitung 1985, S. 675-678 (betrifft den Minderjährigenschutz im öffentlichen Recht).

Anmerkung (zum Urteil des BVerwG v. 15. 12. 1989), in : Juristenzeitung 1990, S. 594-595 (betrifft Subventionsrecht und öffentliches Vertragsrecht).

Anmerkung (zum Urteil des EuGH v. 20. 03. 1990 - C 21/88-), in : Juristenzeitung 1992, S. 199-200 (betrifft Freiheit des Warenverkehrs und Beihilferecht).

Anmerkung (zum Urteil des EuGH v. 30. 11. 1995 - C 55/94-), in : Juristenzeitung 1996, S. 467-469 (zur Abgrenzung von aktiver Dienstleistungs- und Niederlassungsfreiheit - zusammen mit K. Lackhoff).

Anmerkung (zum Beschluß des BVerwG v. 10. 07. 1996 - 6 B 8.95), in : Juristenzeitung 1997, Jg. 52, S. 465-467 (zur Zulassung zum juristischen Vorbereitungsdienst -zusammen mit K. Lackhoff).

Anmerkung (zum Urteil des BVerfG v. 10. 04. 1997 - 2 BvF 1/95), in : Juristenzeitung 1997, Jg. 52, S. 761-764 (zur Verfassungsmäßigkeit von Überhangmandaten -zusammen mit M. Lechleitner).

Anmerkung (zum Beschluß des BVerwG v. 14. 12. 1998 - 8 B 125.98), in : Juristenzeitung 2000, Jg. 55, Heft 4, S. 206-207 (zum Zwischenverfahren über den Rechtsweg).

Anmerkung (zum Urteil des BGH v. 03. 02. 2000 - III ZR 296/98), in : Juristenzeitung 2000, Jg. 55, Heft 20, 1007-1009 (Zur Legalisierungswirkung der wasserrechtlichen Erlaubnis).

Anmerkung (zum Urteil des VerfGH NW v. 13. 06. 2000 – VerfGH 3, 4, 5/98), Deutsches Verwaltungsblatt 2000, Jg. 115, Heft 20, S. 1520-1522 (Eine Untätigkeit des Gesetzgebers ist nach nordrhein-westfälischem Recht mit der Kommunalverfassungsbeschwerde nicht angreifbar ; hier

betr. das 5. ÄndG zum FlüAG NW).

Anmerkung (zum Urteil des VerfGH NRW v. 26. 06. 2001 – VerfGH 28/00 und 30/00), in : Deutsches Verwaltungsblatt 2001, 1595 ff. (Anm. ist S. 1601-1603) (zur Übertragung der Zuständigkeit für das Straßenwesen von Landschaftsverbänden auf das Land NRW).

Anmerkung (zum Urteil des EuGH v. 12. 10. 2000 – Rs. C-480/98), in : Deutsche Zeitschrift für Wirtschaft s und Insolvenzrecht (DZWiR) 2001, 421 ff. (Anmerkung ist S. 424-425) (zur Rückforderung unrechtmäßig gezahlter Beihilfen gegenüber insolventen Unternehmen).

Anmerkung (zum Urteil des BVerwG v. 30. 04. 2002 – 4 B 72.01), in : Juristenzeitung 2003, Heft 4, S. 207 ff. (Anmerkung ist S. 209-211) (zur Rechtswegzuständigkeit nach Sachzusammenhang).

Anmerkung (zum Urteil des BGH. v. 25. 04. 2002 – I ZR 250/00), in : Juristenzeitung 2003, Heft 6, S. 315 ff. (Anmerkung S. 318-320) (Kommunalrechtliche Wirtschaftsbestimmungen und unlauterer Wettbewerb).

Anmerkung (zum Urteil des BVerwG v. 03. 07. 2002 – BVerwG 6 CN 8.01), in : Deutsches Verwaltungsblatt, 118. Jg., 2003, Heft 5, S. 336-338 (zur Nichtigerklärung der Hunderegelungen in der Nds. Gefahrtier-VO).

Anmerkung (zum Urteil des BGH vom 20. 02. 2003 – III ZR 224/01), in : JZ, 59. Jg., 2004, Heft 4, S. 195 ff. (Zur Pflichtenbindung korporierter Religionsgemeinschaften).

XIII. Fallbesprechungen

Öffentliches Recht : Die polizeiliche Wegnahme eines Films, in : Juristische Schulung 1983, S. 869-874.

Übungshausarbeit öffentliches Recht : Fall aus dem Ausländerrecht, in : Juristische Ausbildung 1984, S. 427-442.

Examensklausur Öffentliches Recht : Rechtsschutz der Gemeinde gegen Aufsichtsmaßnahmen, in : Juristische Ausbildung 1987, S. 480-485.

Examensklausur Öffentliches Recht : Ärger mit der Presse, in : Nordrhein-westfälische Verwaltungsblätter 1988, S. 95 und 122-127.

Übungshausarbeit Öffentliches Recht : Der Kampf um einen Schulplatz, in : Juristische Ausbildung 1991, S. 208-214.

Examensklausur Öffentliches Recht : Auseinandersetzung im Flugzeug, in : Juristische Ausbildung (JURA) 2002, S. 345-350.

Übungshausarbeit Öffentliches Recht : Rückforderung einer gemeinschaftsrechtswidrigen Beihilfe durch die Widerspruchsbehörde (in

Vorbereitung).

XIV. Buchbesprechungen

Wolf Weber : Selbstverwaltung und Demokratie in den Gemeinden nach der Gebietsreform, Siegburg 1982, in : Archiv des öffentlichen Rechts, Bd. 108 (1983), S. 481-482.

Jürgen Held : Der Grundrechtsbezug des Verwaltungsverfahrens, Berlin 1984, in : Neue Zeitschrift für Verwaltungsrecht 1985, S. 891.

Franz-Ludwig Knemeyer : Bayerisches Kommunalrecht, München, 5. Aufl. 1984, in : Juristische Ausbildung 1986, S. 336.

Joachim Börner : Sportstätten-Haftungsrecht, Berlin 1985, in : Die Verwaltung 19 (1986), S. 268-269.

Volkmar Götz : Allgemeines Verwaltungsrecht, München, 3. Aufl. 1985, in : Neue Zeitschrift für Verwaltungsrecht 1987, S. 120.

Fritz Ossenbühl : Rundfunkfreiheit und Rechnungsprüfung, in : Archiv des öffentlichen Rechts, Bd. 112 (1987), S. 311.

Günter Püttner : Die öffentlichen Unternehmen, Stuttgart, 2. Aufl. 1985, in : Juristische Rundschau 1988, S. 87.

Uwe J. Hochrathner, Anwendungsbereich und Grenzen des Parlamentsauflösungsrechts nach dem Bonner Grundgesetz, in : Archiv des öffentlichen Rechts, Bd. 112 (1987), S. 677.

Großfeld, B./ Vieweg, K. (Hrsg.), Jurastudium und Wahlstation im Ausland, in : Juristische Ausbildung 1988, S. 55-56.

Rothe/ Blanke, Bundesausbildungsförderungsgesetz, in : Die Öffentliche Verwaltung 1989, S. 784.

Gerard-René de Groot, Staatsangehörigkeitsrecht im Wandel, in : Die Öffentliche Verwaltung 1990, S. 712-713.

Kloepfer/ Merten/ Papier/ Skouris, Die Bedeutung der Europäischen Gemeinschaften für das deutsche Recht und die deutsche Gerichtsbarkeit - Seminar zum 75. Geburtstag von Karl August Bettermann, in : Die Öffentliche Verwaltung 1991, S. 220.

Michel/ Kienzle, Das Gaststättengesetz, 10. Aufl. 1990, in : Die Öffentliche Verwaltung 1991, S. 480.

Köck, Heribert Franz, Rechtliche und politische Aspekte von Konkordaten. Schriften zum Öffentlichen Recht, Bd. 444, in : Zeitschrift für evangelisches Kirchenrecht, 1993, S. 368-369.

Badura, Peter, Staatsrecht. Systematische Erläuterung des Grundgesetzes für die Bundesrepublik Deutschland, in : Zeitschrift für evangelisches

Kirchenrecht, 1993, S. 379-380.
Oppermann, Thomas, Europarecht, in : Die Öffentliche Verwaltung, 1994, S. 179-180.
Nicolaysen, Gert, Europarecht I, in : Die öffentliche Verwaltung, 1994, S. 179-180.
Schweitzer, Michael/ Hummer, Waldemar, Europarecht - Das Recht der Europäischen Gemeinschaften (EGKS, EWG, EAG) - mit Schwerpunkt EWG, in : Die Öffentliche Verwaltung, 1994, S. 179-180.
Fahr, Ulrich/ Kaulbach, Detlef, Versicherungsaufsichtsgesetz, in : Deutsches Verwaltungsblatt 1994, S. 551.
Närger, Nikolaus, Das Synodalwahlsystem in den deutschen evangelischen Landeskirchen im 19. und 20. Jahrhundert, in : Zeitschrift für evangelisches Kirchenrecht, 39. Bd. 1994, S. 104-105.
Plagemann, Jürgen, Die erwerbswirtschaftliche Betätigung der Deutschen Bundespost durch Eigengesellschaften, in : Zeitschrift für öffentliche und gemeinwirtschaftliche Unternehmen, 1994, S. 395 f.
Engellandt, Frank, Die Einflußnahme der Kommunen auf ihre Kapitalgesellschaften über das Anteilseignerorgan, in : Zeitschrift für öffentliche und gemeinwirtschaftliche Unternehmen, 1996, S. 119 f.
Gröschner, Rolf, Das Überwachungsrechtsverhältnis - Wirtschaftsüberwachung in gewerbepolizeirechtlicher Tradition und wirtschaftsverwaltungsrechtlichem Wandel, in : Die Öffentliche Verwaltung, Heft 12, S. 518-519.
Gerick, André, Die Beteiligung der Sparkassen- und Giroverbände an den Landesbanken, in : Zeitschrift für öffentliche und gemeinwirtschaftliche Unternehmen, 1997, Heft 3, S. 370-372.
Egger, Alexander, Das Generalsekretariat des Rates der EU, in : Die Öffentliche Verwaltung, 1997, Heft 24, S. 1060.
Bock, Wolfgang, Das für alle geltende Gesetz und die kirchliche Selbstbestimmung, in : Archiv des öffentlichen Rechts 125 (2000), 314-315.
Richter, Ludwig : Kirche und Schule in den Beratungen der Weimarer Nationalversammlung, ZevKR.
Stüer, Bernhard, Kommunalrecht Nordrhein-Westfalen in Fällen, Deutsches Verwaltungsblatt 1999, S. 123.
Stern, Klaus, Das Staatsrecht der Bundesrepublik Deutschland. Bd. V : Die geschichtlichen Grundlagen des deutschen Staatsrechts, in : Archiv für Kommunalwissenschaften, II. Halbjahresband 2000, S. 355-357.

Brugger, Einführung in das öffentliche Recht der USA, 2. Aufl. 2001, in : JURA Heft 12/2001, S. 864.
Winter, Jörg, Staatskirchenrecht der Bundesrepublik Deutschland. Eine Einführung mit kirchenrechtlichen Exkursen, 2001, in : Zeitschrift für evangelisches Kirchenrecht 2003, 48. Band, 3, S.
Schwind, Joachim, Europäische Grundrechte und Grundfreiheiten, in German yearbook of internationale law, Jahrbuch für Internationales Recht 2003, S. 776 ff.
v. Campenhausen, Axel Frhr., Festheft zum 70. Geburtstag von Axel Frhr. v. Campenhausen, in : NJW 51/2004, S. 3689 f.
Thomas Dünchheim, Verwaltungsprozessrecht unter europäischem Einfluss. In : Die Öffentliche Verwaltung DÖV Heft 7, 2005, S. 310-311.
Brenner/ Huber/ Möstl/, Der Staat des Grundgesetzes – Kontinuität und Wandel. Festschrift für Peter Badura zum 70. Geburtstag in : ZevKr, 2006, 145 ff.
Badura, Peter, Wirtschaftsverfassung und Wirtschaftsverwaltung, 2. Aufl. 2005, in : DVBl 2007, S. 953.
Eberhard Schmidt-Aßmann/ Bettina Schöndorf-Haubold (Hrsg.), Der Europäische Verwaltungsverbund, Form und Verfahren der Verwaltungszusammenarbeit in der EU, Mohr Siebeck Verlag 2005, DÖV 2007, S. 896.

XV. Allgemeines

Staatsrechtslehrertagung 1982 in Konstanz (Bericht), in : Neue Juristische Wochenschrift 1983, S. 19-21.
Nachruf auf Prof. Dr. Klaus Obermayer, in : Archiv des öffentlichen Rechts, Bd. 114 (1989), S. 125-126.
Herausgabe der Reihe Aschendorffs Juristische Handbücher (zusammen mit Prof. Dr. Wolfgang Harms), 1988-1998.
Mitherausgeber der Münsterer Beiträge zum Öffentlichen Recht (C.F. Müller-Verlag).
Mitherausgeber der Münsterischen Beiträge zur Rechtswissenschaft (Duncker & Humblot Verlag).
Mitherausgeber der Zeitschrift Jura.
Mitherausgeber der Schriften zum Außenwirtschaftsrecht (Aschendorff Rechtsverlag/ Dr. Otto Schmidt Verlag).
Mitherausgeber des Sonderhefts Examensklausurenkurs, de Gruyter 2000.
Coester-Waltjen/ Ehlers/ Geppert/ Otto/ Petersen/ Schoch/ Schreiber

(Hrsg.), Sonderheft Examensklausurenkurs, 2. Aufl. de Gruyter 2004.

Coester-Waltjen/ Ehlers/ Geppert/ Otto/ Petersen/ Schoch/ Schreiber (Hrsg.), Sonderheft Zwischenprufung, de Gruyter 2004.

Beirat der Zeitschrift Außenwirtschaftliche Praxis.

Herausgabe des Kommentars von Klaus Obermayer, Verwaltungsverfahrensgesetz, 2. Aufl. 1990 (zusammen mit Prof. Dr. Christoph Link).

Stellungnahme zur Kommunalreform in Nordrhein-Westfalen, in : Landtag Nordrhein-Westfalen, LT-Protokoll 11/925, S. 29-34, 95-99.

Regionale Selbstverwaltung und Subsidiarität in der Europäischen Gemeinschaft, 3. Erbdrostenhofgespräch, Texte aus dem Landeshaus, 1993, S. 8 ff. (Moderation eines Streitgespräches mit Staatsminister Clement).

Müssen Repetitorien sein?, abi Berufswahl-Magazin, 1994, S. 20.

Umsetzung der Pflegeversicherung in Nordrhein-Westfalen (Moderation eines Gesprächs mit Landesminister Müntefering), 5. Erbdrostenhofgespräch, Texte aus dem Landeshaus, Münster 1995.

Diskussionsbericht zu dem Thema “Perspektiven der Zollverwaltung”, Zeitschrift für Zölle und Verbrauchssteuern, 1995, 268 f.

Justiz- und Nationalsozialismus, in : Ruth-Elisabeth Mohrmann (Hrsg.), „Vor 50 Jahren“, Gedenkveranstaltung der WWU zum 8.5.1945, 1995, S. 1 ff.

Laudatio Prof. Werner Hoppe, in : Erbguth/ Oebbecke/ Rengeling/ Schulte (Hrsg.), Abwägung im Recht,1996, S. 125 ff.

Diskussionsbericht über die Jahrestagung des Europäischen Forums für Außenwirtschaftsrecht, Verbrauchsteuern und Zoll (in : Europäisches Forum für Außenwirtschaftsrecht, Verbrauchsteuern und Zoll (EFA), Hrsg., Hemmnisse und Sanktionen in der EU, 1996, S. 98 f.

Diskussionsbericht über die Jahrestagung des Europäischen Forums für Außenwirtschaftsrecht, Verbrauchsteuern und Zoll (in : Europäisches Forum für Außenwirtschaftsrecht, Verbrauchsteuern und Zoll (EFA), Hrsg., Vertrauensschutz in der Europäischen Union, 1998, S. 125 f.

Kommunalwahlrecht in NRW, LT-Drs. 12/774, S. 2 ff.

Anhörung im Landtag zur 5%-Sperrklausel im nordrhein-westfälischen Kommunalrecht.

Anhörung im Landtag Nordrhein-Westfalen zum Ersten Gesetz zur Modernisierung von Regierung und Verwaltung in Nordrhein-Westfälen (Erstes Modernierungs Gesetz-1. ModernG NRW), in : Landtag Nordrhein-Westfalen, 12. Wahlperiode, Ausschußprotokoll 12/1215, S. 33-35 ; im Hessischen Landtag, 16. Wahlperiode INA/16/9, WVA/16/5, S. 29 ff.

Laudatio auf Herrn Prof. Dr. Ernst-Wolfgang Böckenförde, in: Böckenförde/ Edward/ Schumann, Grundrechte in Deutschland und Europa, Münsterische Juristische Vorträge, herausgegeben von der Rechtswissenschaftlichen Fakultät der WWU Münster und der Juristischen Studiengesellschaft Münster, Bd. 9, Münster 2002, S. 3-9.

XVI. Jura-Karteikarten

Außervertragliche Haftung der Gemeinschaft - Bekämpfung der Schweinepest, JK 99, EGV Art. 215 II/1 (Heft 1/1999)

Rechtsweg bei wettbewerbsrelevanter Staatstätigkeit, JK 99, VwGO § 40/2 (Heft 1/1999)

Weihnachtsmarkt am Totensonntag, JK 99, GewO § 69/1 (Heft 1/1999)

Klagefrist bei Fortsetzungsfeststellungsklage, JK 99, VwGO § 74 I 2/2 (Heft 2/1999)

Klagebefugnis von Pächtern, JK 99, FStrG § 17 I 2/2 (Heft 2/1999)

Entschädigung für tierseuchenrechtliche Maßnahmen, JK 99, GefAbwG Nds. § 80/1 (Heft 2/1999)

„Republikaner"-Stiftung nicht zugelassen, JK 99, GG Art. 21 I und II/4 (Heft 3/1999)

Erledigung eines Verwaltungsaktes „in anderer Weise", JK 99, VwVfG § 43/1 (Heft 3/1999)

Zulässigkeit von Anwohnerparkzonen, JK 99, StVG § 6/1 (Heft 3/1999)

Führung eines ausländischen akademischen Grades, JK 99, EGV Art. 48/1 (Heft 4/1999)

Kein europäisches Diskriminierungsverbot aufgrund der sexuellen Orientierung, JK 99, EGV Art. 119/1 (Heft 4/1999)

Verwaltungsrechtsweg für Streitigkeiten über Hausverbote der Arbeitsverwaltung, JK 99, VwGO § 40/29 (Heft 4/1999)

Rücknahme einer gemeinschaftsrechtswidrigen Beihilfe, JK 99, VwVfG § 48/18 (Heft 5/1999)

Übergang einer Duldungsverfügung auf Einzelrechtsnachfolger, JK 99, BImSchG § 22 II/2 (Heft 5/1999)

Abschleppen eines Kfz im Wege der Ersatzvornahme, JK 99, HessSOG §§ 8, 49, 53/1 (Heft 5/1999)

Gemeinschaftsrechtliche Staatshaftung für administratives Unrecht, JK 99, EGV Art. 215 II/2 (Heft 6/1999)

Flugsicherheitsgebühren für Fahrgast- und Gepäckkontrolle, JK 99, GG Art. 3 I/29 (Heft 6/1999)

Umstellung des BAföG auf Gewährung eines Bankdarlehens bei bereits vollzogenem Fachrichtungswechsel, JK 99, BAföG § 17 III 1 Nr. 2/1 (Heft 6/1999)

Zusammensetzung von Rundfunkaufsichtsgremien, JK 99, GG Art. 5 I 2/25 (Heft 7/1999)

Verbot der Bettelei in der Öffentlichkeit, JK 99, Pol.-u. OrdR/1 (Heft 7/1999)

Gaststättenrechtliche Stellvertretungserlaubnis-Versagung, JK 99, GastG § 9/1 (Heft 7/1999)

Pflicht staatlicher Stellen zu Umweltinformationen, JK 99, EMRK Art. 8, 10, 50/3 (Heft 8/1999)

Streupflicht einer Gemeinde, JK 99, BGB § 839 I/2 (Heft 8/1999)

Aufenthaltsverbot für Drogendealer, JK 99, BremPOlG § 10/1 (Heft 8/1999)

Dauer des Polizeigewahrsams nach der EMRK, JK 99, EMRK Art. 5 I/1 (Heft 9/1999)

Entscheidung der Gemeinde über eigene Bauvorhaben, JK 99, BauO NW § 75/1 (Heft 9/1999)

Anspruch auf Zugang zu Informationen über die Umwelt, JK 99, UIG § 7 I/1 (Heft 9/1999)

Zuschüsse zu handwerklicher Ausbildung, JK 99, GG Art. 3/32 (Heft 10/1999)

Baugenehmigung und anschließende Nutzungsintensivierung, JK 99, BauGB § 29/1 (Heft 10/1999)

Einvernehmen einer Gemeinde zur Baugenehmigung, JK 99, BauGB §§ 36, 212 a/2 (Heft 10/1999)

Kontrolle von Rechtsakten der EG durch den EGMR, JK 99, EMRK Art. 3 1. ZP/2 (Heft 11/1999)

EG-Diskriminierungsverbot und nationale Rückforderungsfristen, JK 99, EGV Art. 141/1 (Heft 11/1999)

Verantwortlichkeit für Ampelanlage an Straßenbaustelle, JK 99, OBG NW § 39/4 (Heft 11/1999)

Entschädigung wegen enteignenden Eingriffs, JK 99, GG Art. 14/4 (Heft 12/1999)

Zugang zu gerichtlichem Rechtsschutz, JK 99, EMRK Art. 6/2 (Heft 12/1999)

Normkonkretisierende Verwaltungsvorschriften, JK 99, Allg. VerwR/1 (Heft 12/1999)

Zusicherung, JK 00, VwVfG § 38/2 (Heft 1/2000)

Duldungspflicht aus § 909 BGB beim allgemeinen Folgenbeseitigungs-

anspruch und dessen Verjährung, JK 00, FBA/2 (Heft 1/2000)
Schadenersatzpflicht einer Gemeinde für Hochwasserschäden, JK 00, BGB § 839 I/3 (Heft 1/2000)
Zitiergebot für Rechtsverordnungen, JK 00, GG Art. 80 I 3 / 4 Heft (2/2000)
Überlange Dauer eines Prüfungsverfahrens, JK 00, GG Art. 12 I 1/50 (Heft 2/2000)
Verfassungsmäßigkeit verfaßter Studierendenschaften. Zulässigkeit beitragsfinanzierter Semestertickets, JK 00, WissHG NRW § 71 II 3/1 (Heft 2/2000)
Anwendungsvorrang des Gemeinschaftsrechts, JK 00, EGV Art, 49/1 (Heft 3/2000)
Vereinbarkeit denkmalschutzrechtlicher Regelungen mit der Eigentumsgarantie, JK 00, GG Art. 14/41 (Heft 3/2000)
Bestehen eines Arbeitsverhältnisses als Schulleiterin trotz Widerrufs der Bestellung, JK 00, VwVfG § 49 II/3 (Heft 3/2000)
„Verkaufsschütten" vor Apotheken, JK 00, GG Art. 12/9 (Heft 4/2000)
Aufschiebende Wirkung eines Widerspruchs gegen einen Bauvorbescheid, JK 00, VwGO § 80 I / 4 (Heft 4/2000)
Befangenheit bei der Vergabe öffentlicher Aufträge, JK 00, VwVfG § 20/2 (Heft 4/2000)
Bestandksraft von Entscheidungen der EG-Kommission, JK 00, EGV Art. 233/1 (Heft 5/2000)
Nachträglicher Rechtsschutz in einem Freiheitsentziehungsverfahren, JK 00, GG Art. 19 IV/20 (Heft 5/2000)
Sicherstellung eines Kraftfahrzeugs, JK 00, HSOG § 40/1 (Heft 5/2000)
Ausschließliches Recht zum Betrieb von Glücksspielautomaten, JK 00, EGV Art. 49/1 (Heft 6/2000)
Anhörungspflicht im Widerspruchsverfahren, JK 00, VwGO § 71/2 (Heft 6/2000)
Befangenheit eines Gutachters im Promotionsverfahren, JK 00, VwVfG § 21/1 (Heft 6/2000)
Auskunftsanspruch in einem verwaltungsgerichtlichen Verfahren, JK 00, GG Art. 19 IV/21 (Heft 7/2000)
Wirksamkeit eines Verwaltungsaktes, JK 00, VwVfG § 43/2 (Heft 7/2000)
Fahrerlaubnisentziehung wegen Geschwindigkeitsüberschreitung, JK 00, StVG §§ 3 I, 4/1 (Heft 7/2000)
Überschreitung des Aufgabenbereichs von Industrie- und Handelskammern, JK 00, GG Art. 2 I/32 (Heft 8/2000)
Beweiserhebungsbefugnisse eines Landesuntersuchungsausschusses, JK

00, GG Art. 44/3 (Heft 8/2000)

Ableitung einer Klagebefugnis aus Staatskirchenverträgen, JK 00, WRV Art. 139/1 (Heft 8/2000)

Diskriminierungsverbot der Niederlassungsfreiheit, JK 00, EGV Art. 43/1 (Heft 9/2000)

Inhaltsbestimmung des Eigentums, JK 00, GG Art. 14 I 2/42 (Heft 9/2000)

Verhältnis von Abhilfe- und Rücknahmeentscheidung, JK 00, VwGO § 72/2 (Heft 9/2000)

Inlandsgebühren bei Remailing, JK 00, EGV Art. 86/1 (Heft 10/2000)

Zulassung qualifizierten Krankentransports, JK 00, GG Art. 12 I/52 (Heft 10/2000)

Rücknahme eines Verwaltungsaktes gegenüber einem Dritten, JK 00, VwVfG § 48/21 (Heft 10/2000)

Unmittelbare Wirkung von WTO-Recht im Gemeinschaftsrecht, JK 00, EGV Art. 300/ 1 (Heft 11/2000)

Verbot der Betreibung einer ärztlichen Praxis in der Form einer juristischen Person, JK 00, GG Art. 12/10 (Heft 11/2000)

Vorläufiger Rechtsschutz gegen eine adressatenneutrale Sicherstellung, JK 00, StrWG NRW § 22/1 (Heft 11/2000)

Zulassung zum Hochschulstudium, JK 00, GG Art. 12 I/53 (Heft 12/2000)

Staatliche Parteienfinanzierung, JK 00, GG Art. 21/3 (Heft 12/2000)

Weisungsbefugnisse im Rahmen der Bundesauftragsverwaltung, JK 00, GG Art. 85 III/2 (Heft 12/2000)

Unmittelbare Drittwirkung der EG Grundfreiheiten, JK 01, EVG Art. 39/1 (Heft 01/2001)

Gleichbehandlung von Beschädigtengrundrenten in Ost und West, JK 01, GG Art. 3/33 (Heft 01/2001)

Genehmigung zum Schächten von Tieren, JK 01, GG Art. 4 II/17 (Heft 01/2001)

Einstellung einer kopftuchtragenden Lehrerin, JK 01, GG Art. 4I, II/18 (Heft 02/2001)

Faktischer Vollzug eines Widerrufsbescheides, JK 01, VwGO § 80/5 (Heft 02/2001)

Altlastenverantwortlichkeit eines Firmenerwerbers, JK 02, BBodSchG § 4/1 (Heft 02/2001)

Nichtigkeit der EG-Richtlinie über das Tabakwerbeverbot, JK 01, EGV Art. 95/1 (Heft 03/2001)

Anspruch auf effektiven Rechtsschutz, JK 01, GG Art. 21/33 (Heft 03/2001)

Teilweise Verfassungswidrigkeit des baden-württembergischen Spielban-

kengesetzes, JK 01, GG Art. 12 I/54 (Heft 03/2001)

Einsichtsrecht der Presse in das Grundbuch, JK 01, GG Art. 5 I 2/27 (Heft 04/2001)

Haftung der Gemeinde wegen Bürgschaftsübernahme, JK 01, GG Art. 34/17 (Heft 0472001)

Staatlicher Gerichtsschutz in religionsgemeinschaftlichen Angelegenheiten, JK 01, WRV Art. 137 III/1 (Heft 04/2001)

Verfassungswidrigkeit einer Verurteilung wegen Verunglimpfung des Staates und seiner Symbole, JK 01, GG Art. 5 III/21 (Heft 05/2001)

Singularzulassung von Rechtsanwälten bei den Oberlandesgerichten, JK 01, GG Art. 12 I/55 (Heft 05/2001)

Verwirkung eines nachbarlichen Abwehrrechts, JK 01, Allg. VerwR Verwirkung/2 (Heft 05/2001)

Eintragung in die Handwerksrolle für ausländische Dienstleister, JK 02, EGV Art. 49/4 (Heft 06/2001)

Zweckveranlassung im Versammlungsrecht, JK 01, GG Art. 8/12 (Heft 06/2001)

Nachbarklage im Außenbereich, JK 01, BauGB § 35 I, III 3/3 (Heft 06/2001)

Zulässigkeit von TV-Aufnahmen im Gerichtssaal, JK 01, GG Art. 5 I 1, 2/28 (Heft 07/2001)

Nichtvorlage an den EuGH als Verletzung des Rechts auf den gesetzlichen Richter, JK 01, GG Art. 101 I 2/8 (Heft 07/2001)

Kosten der Zurückweisung eines Fluggastes, JK 01, VwGO § 42 II/24 (Heft 07/2001)

Abgrenzung von Handwerk und Einzelhandel, JK 01, GG Art. 12 I/56 (Heft 08/2001)

Fortsetzung einer erledigten Unterlassungsklage, JI 01, VwGO § 43/12 (Heft 08/2001)

Subsidiarität der Verfassungsbeschwerde, JK 01, BVerfGG § 90 II/7 (Heft 08/2001)

Überschreitung des Aufgabenbereichs von Industrie- und Handelskammern, JK 01, GG Art. 21/34 (Heft 09/2001)

Verbot der „Benetton“-Schockwerbung, JK 01, GG Art. 5 I 1/30 (Heft 09/2001)

Bindungswirkung verwaltungsgerichtlicher Eilentscheidung im Amtshaftungsprozess, JK 01, VwGO § 80/4 (Heft 09/2001)

Anerkennung eines ausländischen Reifezeugnisses, JK 01, GG Art. 12/11 (Heft 10/2001)

Sportwetten durch private Veranstalter, JK 01, GG Art. 12 I/58 (Heft 10/2001)

Kostentragungspflicht des Verdachtsstörers, JK 01, Pol.- u. OrdR Verdachtsstörer/1 (Heft 10/2001)

Verpflichtung zur Erteilung islamischen Religionsunterrichts, JK 01, GG Art. 7/4 (Heft 11/2001)

Klagebefugnis des Erwerbers eines Sperrgrundstücks, JK 01, VwGO § 42 II/25 (Heft 11/2001)

Ersetzung eines gemeindlichen Einvernehmens, JK 01, BauGB § 36/4 (Heft 11/2001)

Gemeinschaftsgrundrecht der Meinungsfreiheit, JK 01, EGV Art. 220/1 (Heft 12/2001)

Nichtigkeit eines Bebauungsplans, JK 01, VwGO § 47 II 1/23 (Heft 12/2001)

Verpflichtung der Bundesregierung zur Einleitung eines Bund-Länder-Streits, JK 01, BVerfGG § 64 I/2 (Heft 12/2001)

Pflichtmitgliedschaft in einem genossenschaftlichen Prüfungsverband, JK 02, GG Art. 9/5 (Heft 01/2002)

Auskunft, Schadensersatz- und Herausgabepflicht eines Beamten im Falle der Annahme von Bestechungsgeldern, JK 02, BBG § 78/1 (Heft 01/2002)

Haftung eines Bürgermeisters für nicht formgerechte Erklärungen, JK 02, GO BW § 54/1 (Heft 01/2002)

Anwaltliches Werberecht, JK 02, GG Art. 12 I/60 (Heft 02/2002)

Klagebefugnis von Naturschutzverbänden, JK 02, GG Art. 19 IV/22 (Heft 02/2002)

Amtshaftung für Schädigungen durch Zivildienstleistende, JK 02, GG Art. 34/21 (Heft 02/2002)

Amtshaftung von Handwerkskammern wegen unrichtiger Gutachten, JK 02, GG Art. 34/22 (Heft 03/2002)

Bekanntgabefristen für Verwaltungsakte, JK 02, VwVfG § 41 II/1 (Heft 03/2002)

Wehrfähige Rechtsposition im Kommunalverfassungsstreitverfahren, JK 02, GO NW § 46 II/1 (Heft 03/2002)

Gewährung von Sozialleistungen an EU-Studenten, JK 02, EGV Art. 12/1 (Heft 04/2002)

Versammlungseigenschaft der „Love Parade“ und „Fuckparade“, JK 02, GG Art. 8/15 (Heft 04/2002)

Umfang des parlamentarischen Initiativrechts, JK 02, VerfBbg Art. 56 II/1 (Heft 04/2002)

Aufhebung der Immunität eines Bundestagsabgeordneten, JK 02, GG Art. 46 II/1 (Heft 05/2002)

Anfechtung von Nebenbestimmungen, JK 02, VwVfG § 36 II/2 (Heft 05/2002)

Kürzung von Subventionen an kirchliche Träger, JK 02, SGB I § 17 III/1 (Heft 05/2002)

Nichtigkeit eines Bebauungsplans, JK 02, BauGB § 1 VI/2 (Heft 05/2002)

Ausnahmegenehmigung für das Schächten, JK 02, GG Art. 4 I, II/20 (Heft 06/2002)

Kompetenzverteilung bei der Bundesauftragsverwaltung, JK 02, GG Art. 85 III/3 (Heft 06/2002)

Kündigung eines Entschädigungsvertrages durch die EG, JK 02, VwGO § 40 I 1/31 (Heft 06/2002)

Prostitution als gemeinschaftsrechtlich geschützte Erwerbstätigkeit, JK 02, EGV Art. 43/2 (Heft 07/2002)

Sonntagsöffnung von Apotheken, JK 02, GG Art. 12 I/61 (Heft 07/2002)

Rechtsweg gegen Auslieferungsbewilligungen, JK 02, VwGO § 40 I/32 (Heft 07/2002)

Arbeitnehmer-Entsendegesetz und EU-Dienstleistungsfreiheit, JK 02, EGV Art. 49 ff./5 (Heft 08/2002)

Klagebefugnis religiöser Vereinigungen, JK 02, GG Art. 4 I, II/21 (Heft 08/2002)

Vollstreckung trotz Übertragung des Eigentums, JK 02, EvVG § 15 III/1 (Heft 08/2002)

Unternehmensbegriff im Gemeinschaftsrecht, JK 02, EGV Art. 81/2 (Heft 09/2002)

Hausverbot durch Bundestagspräsidenten, JK 02, GG 40 II . (Heft 09/2002)

Untersuchungsausschüsse des Bundestages, Minderheitenrechte, JK 02, GG Art. 44/4 (Heft 09/2002)

Vereinbarkeit „Goldener Aktien“ mit der Kapitalverkehrsfreiheit, JK 02, EGV Art. 56/1 (Heft 10/2002)

Verfassungsmäßigkeit von Studiengebühren, JK 02, GG Art. 12 I/62 (Heft 10/2002)

Kommunalverfassungsbeschwerde gegen den Willen einer Gemeindevertretung, JK 02, HessStGHG $ 46/1 (Heft 10/2002)

Verleihung des Hochschulgrades Diplom-Jurist, JK 02, GG Art. 12 I, 3 I/63 (Heft 11/2002)

Ertragszuständigkeit für nichtsteuerliche Einnahmen, JK 02, GG Art. 106/1 (Heft 11/2002)

Rechtsweg für öffentlich-rechtliche Ansprüche wegen CIC, JK 02, VwGO § 40 I 1, II 1/33 (Heft 11/2002)

Schutz ausländischer Ehepaare durch die Grundfreiheiten, JK 02, EGV Art. 49/6 (Heft 12/2002)

Rechtskraftwirkung eines Fortsetzungsfeststellungsurteils, JK 02, VwGO § 113 I 4/17 (Heft 12/2002)

Rechtsschutz gegen kommunalwirtschaftliche Betätigung, JK 02, UWG § 1/1 (Heft 12/2002)

Klagebefugnis vor dem EuG, JK 03, EGV Art. 230 (Heft 01/2003)

Informationen der Bundesregierung über Religionsgemeinschaften, JK 03, GG Art. 41 I, II (Heft 01/2003)

Anordnungsbefugnis staatlicher Immissionsschutzbehörden gegenüber Kommunen, JK 03, BImSchG § 24 (Heft 02/2003)

Eigentumsschutz der Gemeinden, JK 03, GG Art. 134 III (Heft 02/2003)

Subsidiarität der Verfassungsbeschwerde, JK 03, GG Art. 93 I Nr. 4 a (Heft 02/2003)

Rechtmäßigkeit einer Gefahrtier-Verordnung, JK 03, Pol.-u.OrdR Gefahrenbegriff (Heft 03/2003)

Grundrechtsbindung der Kirchen bei der Erhebung von Kirchensteuern, JK 03, GG Art. 140 (Heft 03/2003)

Wiederholung einer Prüfung, JK 03, GG Art. 121 (Heft 03/2003)

Rücknahme einer erschlichenen Einbürgerung, JK 03, VwVfG § 48 (Heft 04/2003)

Präventive Datenspeicherung trotz Freispruchs, JK 03, Pol.-u.OrdR Datenspeicherung (Heft 04/2003)

Verwertbarkeit von Zeugenaussagen über mitgehörte Telefongespräche, JK 03, GG Art 2 I i.V.m. 1 I (Heft 04/2003)

Geltendmachung einer von einer behördlichen Aufrechnung betroffenen Forderung im vorläufigen Rechtsschutz, JK 03, VwGO § 123 (Heft 05/2003)

Beschlussfassung Bundesrat, JK 03, GG Art. 51 III 2 (Heft 05/2003)

Niederlassungsfreiheit von Gesellschaften, JK 03, EGV Art. 43 (Heft 05/2003)

Fristbestimmung und Gemeinschaftsrecht, JK 03, VwGO § 70 I 1 (Heft 06/2003)

Einvernehmen mit einem Planfeststellungsbeschluss, JK 03, WaStrG § 14 III 1 (Heft 06/2003)

Klage auf Erlass einer Verordnung, JK 03, VwGO § 43 (Heft 06/2003)

Einstellung einer kopftuchtragenden Lehrerin II, JK 03, GG Art. 4I, II

(Heft 07/2003)
Rücknahme eines Widerspruchsbescheids durch die Ausgangsbehörde, JK 03, VwVfG § 48 I (Heft 07/2003)
Vollstreckungsabwehrklage im Verwaltungsprozess, JK 03, ZPO § 767 (Heft 07/2003)
Anfechtung eines gemeindlichen Einvernehmens, JK 03, BauGB § 36 (Heft 08/2003)
Außenkompetenz der EG für den Abschluss internationaler Luftverkehrsabkommen, JK 03, EGV Art. 10 (Heft 08/2003)
Schadensminderungsobliegenheiten und Berufsfreiheit, JK 03, GG Art. 12 I 1 (Heft 08/2003)
Beitreibung von Zwangsgeld, JK 03, VwVG § 6 (Heft 09/2003)
Klage gegen die Einführung eines Dosenpfands, JK 03, VwGO § 43 (Heft 09/2003)
Informationsanspruch von Ratsmitgliedern, JK 03, VwGO § 61, Nr. 2 (Heft 09/2003)
Demokratische Legitimation der funktionalen Selbstverwaltung, JK 03, GG Art. 20 II 1 (Heft 10/2003)
Meinungsfreiheiten bei der Herausgabe von Anwalts-Ranglisten, JK 03, GG Art. 5 I 1 (Heft 10/2003)
Verfassungswidrigkeit des Impfstoffversand- und Werbeverbots, JK 03, GG Art. 12 I (Heft 10/2003)
Verwendung einer Leistung „alsbald" nach der Auszahlung, JK 03, VwVfG § 49 a IV (Heft 11/2003)
Geringere Beamtenbesoldung in den neuen Ländern, JK 03, GG Art. 3 I, 33 V, 143 I, II (Heft 11/2003)
Namensänderung aus religiösen Gründen, JK 03, GG Art. 4 I (Heft 11/2003)
Koppelungsverbot bei öffentlich-rechtlichen Verträgen, JK 03, VwVfG §§ 59 II Nr. 4, 56 I (Heft 12/2003)
Verfassungswidrigkeit des § 50 IV TKG, JK 03, GG Art. 30, 83, 86, 87 f. (Heft 12/2003)
Verfassungsmäßigkeit von Grundwasserentnahmeabgaben, JK 03, GG Art. 93 I Nr. 4 a (Heft 12/2003)
Verfassungswidrigkeit der Rückmeldegebühr in BW, JK 04, GG Art. 70 I (Heft 01/2004)
Anspruch auf richterliche Selbstkontrolle, JK 04, GG Art. 103 I (Heft 01/2004)
Polizeirechtliche Verantwortlichkeit bei Dereliktion, JK 04, PolG BW §§ 6,

7 (Heft 01/2004)a
Herausgabe von Verbindungsdaten einer Journalistin, JK 04, GG Art. 5 I 2, 10 I (Heft 02/2004)
Treu und Glauben im öffentlichen Nachbarrecht, JK 04, GG Art. 12 I (Heft 02/2004)
Nichtigkeit einer vorkonstitutionellen Verordnung, JK 04, GG Art. 129 III, 123, 19 I (Heft 02/2004)
Neubewertung von Prüfungsleistungen, JK 04, GG Art. 12 I (Heft 03/2004)
Auslieferung mutmaßlicher Terroristen in die USA, JK 04, GG Art. 101 I 2 (Heft 03/2004)
Vermeidung einer behördlichen Kostentragungspflicht, JK 04, VwVfG § 80 (Heft 03/2004)
Einstellung einer kopftuchtragenden Lehrerin III, JK 04, Art. 4 I, II (Heft 04/2004)
Verfassungsunmittelbarer Auskunfts- und Informationsanspruch, JK 04, GG Art. 12 I (Heft 04/2004)
Nutzungsbeschränkung des Eigentums durch Verordnung, JK 04, GG Art. 14 I (Heft 04/2004)
Verpflichtung des Arbeitgebers zur Zahlung eines Zuschusses zum Mutterschaftsgeld, JK 04, GG Art. 12 I (Heft 05/2004)
Zeitliche Grenzen der Rechtskraft eines verwaltungsgerichtlichen Verpflichtungsurteils, JK 04, AsylVfG § 73 I (Heft 05/2004)
Zulässigkeit eines Bund-Länder-Streits vor dem BVerfG, JK 04, BVerfGG §§ 69, 64 III (Heft 05/2004)
Niederlassungsfreiheit von Gesellschaften, JK 04, EGV Art. 43 (Heft 06/2004)
Abwehranspruch gegen kommunale Wirtschaftstätigkeit, JK 04, GO NRW § 107 I (Heft 06/2004)
Antragsfrist für Normenkontrolle bei Änderung einer Satzung, JK 04, VwGO § 47 II 1 (Heft 06/2004)
Verfassungswidrigkeit der generellen Pflicht zur Mandatsniederlegung beim Sozietätswechsel von Anwälten, JK 04, GG Art. 12 I (Heft 07/2004)
Zulässigkeit eines Rechtsbehelfs bei Verstoß gegen das Rechtsberatungsgesetz, JK 04, GG Art. 19 IV (Heft 07/2004)
Zusammensetzung von Gemeinderatsausschüssen, JK 04, GG Art. 20 II, 28 I 1 u. 2 (Heft 07/2004)
Eilrechtsschutz gegen Versammlungsverbote, JK 04, GG Art. 8 (Heft 08/2004)
Klagebefugnis eines Verkehrsteilnehmers gegen ein Verkehrszeichen, JK

04, VwGO § 42 II (Heft 08/2004)
Rechtsnatur von Subventionsrichtlinien, JK 04, VwVfG § 48 I (Heft 08/2004)
Wiederaufgreifen des Verwaltungsverfahrens aufgrund von Art. 10 EGV, JK 04, EGV Art. 10 (Heft 09/2004)
Beamtenrechtliche Konkurrentenklage, JK 04, GG Art. 19 IV (Heft 09/2004)
Aufhebung eines Subventionsbescheides, JK 04, VwVfG § 49 III 1 Nr. 2 (Heft 09/2004)
Staatliches Glücksspielmonopol und Grundfreiheiten, JK 04, EGV Art. 46, 49, 55 (Heft 010/2004)
Baugenehmigung als Schlusspunkt mehrerer Genehmigungsverfahren, JK 04, BauO NW § 75 (Heft 010/2004)
Vorläufige Untersagung ehrverletzender Äußerungen der Verwaltung, JK 04, VwGO § 123 I 1 (Heft 010/2004)
Erstattung von Anwaltskosten und Dienstleistungsfreiheit, JK 04, EGV Art. 49, 50 (Heft 011/2004)
Gleichheitswidrige Verleihung des Grades „Diplom-Jurist“, JK 04, GG Art. 3 I (Heft 011/2004)
Verfassungsmäßigkeit der Ökosteuer, JK 04, GG Art. 3 I (Heft 011/2004)
Nichtigkeitsklage gegen Beschlüsse des Rates im Defizitverfahren, JK 04, EGV Art. 104, 230 (Heft 012/2004)
Teilweise Verfassungswidrigkeit des Bundesgesetzes zur Bekämpfung gefährlicher Hunde, JK 04, GG Art. 12 I (Heft 012/2004)
Fortsetzungsfeststellungsinteresse im Versammlungsrecht, JK 04, VwGO § 113 I 4 (Heft 012/2004)
Gesetzgebungskompetenz des Bundes zur Einführung der Juniorprofessur, JK 05, GG Art 75 I 1 Nr. 1 a, 72 II (Heft 01/2005)
Zulässigkeit einer Veränderungssperre, JK 05, BauGB §§ 14 I, III (Heft 01/2005)
Rechtsnatur von Verwaltungsvorschriften, JK 05, SG § 30 I (Heft 01/2005)
Rechtsschutz gegen die richterliche Auswahl von Insolvenzverwahltern, JK 05, GG Art. 19 IV 1 (Heft 02/2005)
Subsidiarität von verfassungsbeschwerden gegen ein Gesetz, JK 05, BVerfGG § 90 II (Heft 02/2005)
Normenkontrollbefugnis bei Nichteinbeziehung eines Grundstucks in einen Bebauungsplan, JK 05, VwGO § 47 II 1 (Heft 02/2005)
Gesetzesauslegung bei Redaktionsversehen, JK 05, GG Art. 20 III (Heft 03/2005)

Berücksichtigung von Entscheidungen des EGMR durch deutsche Gerichte, JK 05, GG Art. 20 III (Heft 03/2005)

Nutzungsänderung in Postgebäuden, JK 05, BauGB § 9 I Nr. 5 (Heft 03/2005)

Parteienfinanzierung und politische Chancengleichheit, JK 05, GG Art. 21 I (Heft 04/2005)

Recht auf Privatleben – Caroline von Hannover, JK 05, EMRK Art. 8 (Heft 04/2005)

Erweiterung der Rechtsposition von Ratsmitgliedern, JK 05, VwGO § 42 II (Heft 04/2005)

Unterschriftenquorum für Aufsichtsratswahlen, JK 05, GG Art. 3I (Heft 05/2005)

Besetzung des Vermittlungsausschusses, JK 05, GG Art. 38 I 2 (Heft 05/2005)

Vermiertung von Räumen des Kreishauses an gewerblichen Schilderpräger, JK 05, GO NW § 107 I 1 (Heft 05/2005)

Beschränkung der Dienstleistungsfreiheit aus Gründen der öffentlichen Ordnung, JK 05, EGV Art. 49 (Heft 06/2005)

Rechtswidrigkeit und Nichtigkeit von Gemeinschaftsrechtsakten, JI 05, EGV Art. 90 I (Heft 06/2005)

Entschädigung von NS-Zwangsarbeitern, JK 05, GG Art. 14 I (Heft 06/2005)

Abgrenzung von Gemeingebrauch und Sondergebrauch bei Straßenmissionierung, JK 05, GG Art. 4 I (Heft 07/2005)

Meinungsfreiheit im Falle der Verbreitung juristischer Informationen an Strafgefangene, JK 05, GG Art. 5 I 1 (Heft 07/2005)

Durchsetzung eines Platzverweises im Versammlungsrecht, JK 05, GG Art. 8 I (Heft 07/2005)

Nichtigkeit der Rahmenregelung zur Studiengebührenfreiheit, JK 05, GG Art. 75 I 1 (Heft 08/2005)

Vollstreckungsanordnung des BVerfG, JK 05, BVerfGG § 35 (Heft 08/2005)

Amtliche Einflussnahme auf Bürgerbegehren, JK 05, GO NRW § 26 (Heft 08/2005)

Verpflichtung von Unionsbürgern zur Vorlage von Ausweispapieren, JK 05, EGV Art. 49 (Heft 09/2005)

Verfassungsmäßigkeit herabsetzender Äußerungen Privater, JK 05, GG Art. 12 (Heft 09/2005)

Recht des ungeborenen Lebens auf strafrechtlichen Schutz nach der EMRK, JK 05, EMRK Art. 2 I 1 (Heft 09/2005)

Beschränkung der Kapitalverkehrsfreiheit durch ausschluss einer Steuerrgutschrift für ausländische Dividenden, JK =5, EGV Art. 56 I (Heft 10/2005)

Delegation von Rechtsetzungsbefugnissen, JK 05, GG Art. 12 I, 20 II (Heft 10/2005)

Organstreitverfahren von Parteien gegen die Anhebung von Fraktionsmindeststärken, JK 05, Verf MV Art. 3 III und IV (Heft 10/2005)

Reisekostenerstattung für Rechtsreferendare, JK 05, EGV Art. 39 (Heft 11/2005)

Vertriebsverbot von Tabak, JK 05, EGV Art. 95 (Heft 11/2005)

Gleichrangigkeit von Volkswillensbildung und parlamentarische Willensbildung, JK 05, HbgV Art. 49(Heft 11/2005)

Dauerwirkung von Rechtsverstößen bei Vergabe öffentlicher Aufträge, JK 05, EGV Art. 226 (Heft 12/2005)

Erhebung von Sonderabgaben, JK 05, GG Art. 12 I (Heft 12/2005)

Richterspruchprivileg bei einstweiligen Anordnungen, JK 05, GG Art. 34 (Heft 12/2005)

Regelung des Zugangs zu Universitäten, JK 06, EGV Art. 12 I, Art. 149 (Heft 01/2006)

Europäischer Haftbefehl, JK 06, GG Art. 16 II (Heft 01/2006)

Zulässigkeit dynamischer Verweisungen eines Satzungsgebers, JK 06, GO NRW § 41 I 2 lit. f (Heft 01/2006)

EUV-rechtskonforme Auslegung nationalen Rechts, JK 06, EUV Art. 34 II, 35 (Heft 02/2006)

Vorbeugende Telefonüberwachung gegen Straftaten, JK 06, GG Art. 10 I (Heft 02/2006)

Zuwendungen an jüdische Religionsgemeinschaften, JK 06, GG Art. 3 I, III, 4 I, 140 (Heft 02/2006)

Rückgriffsbeschränkung des Art. 34 S. 2 GG für Verwaltungshelfer, JK 06, GG Art. 34 (Heft 03/2006)

Auflösung des Deutschen Bundestages, JK 06, GG Art. 68 (Heft 03/2006)

Rechtsweg im Vergabeverfahren, JK 06, VwGO § 40 (Heft 03/2006)

Verwendung von Fotomontagen in satirischen Kontexten, JK 06, GG Art. 2 I (Heft 04/2006)

Erhöhung des Steuersatzes für Kampfhunde, JK 06, GG Art. 3 I (Heft 04/2006)

Verfassungsbeschwerde wegen Untätigkeit eines Gerichts, JK 06, GG Art. 19 IV (Heft 04/2006)

Gewissensfreiheit eines Berufssoldaten, JK 06, GG Art. 4 (Heft 05/2006)

Beamtenversorgung, JK 06, GG Art. 33 V (Heft 05/2006)
Schutzpflichten der EMRK, JK 06, EMRK Art. 8 (Heft 05/2006)
Zweitwohnungssteuer, JK 06, GG Art. 105 II a (Heft 06/2006)
Gemeinschaftskonformität des Emissionshandelssystems für Treibhausgase, JK 06, EG RL 2003/87/EG (Heft 06/2006)
Enteignungen in der SBZ und der DDR sowie von Bodenreformland, JK 06, EMRK Art. 1 1.ZP (Heft 06/2006)
Rückforderung einer gemeinschaftsrechtswidrigen Beihilfe, JK 06, EGV Art. 87 I (Heft 07/2006)
Unzulässigkeit der konkreten Normenkontrolle in Bezug auf Verordnungen, JK 06, GG Art. 100 (Heft 07/2006)
Grundrechtsschutz gegen EG-Verordnungen durch den EGMR, JK 06, EMRK Art. 1 (Heft 07/2006)
Staatliches Sportwettenmonopol, JK 06, GG Art 12 (Heft 08/2006)
Amtshaftung für rechtswidrige Versagung des gemeindlichen Einvernehmens, JK 06, BauGB § 36 (Heft 08/2006)
Normenkontrolle von Studien- und Prüfungsordnungen, JK 06, VwGO § 47 II (Heft 08/2006)
Zulassung von Unionsbürgern zum juristischen Vorbereitungsdienst, JK 06, EGV Art. 39 (Heft 09/2006)
Gemeinschaftswidrigkeit genereller Befristungen von Arbeitsverträgen älterer Arbeitnehmer, JK 06, EGV Art. 234 (Heft 09/2006)
Verbot rechtsextremistischer Demonstrationen an bestimmten Tagen, JK 06, GG Art. 8 (Heft 09/2006)
Verfassungsrechtliche Schranken der Rasterfahndung, JK 06, GG Art. 2 I i.V.m. Art. 1 I (Heft 10/2006)
Beleihung Privater mit der Überwachung der Abfallentsorgung, JK 06, GG Art. 33 (Heft 10/2006)
Mobilfunkstationen im reinen Wohngebiet, JK 06, BauNVO § 14 II 2 (Heft 10/2006)
Verfassungsrechtliche Schranken der Rasterfahndung, JK 06 ; GG Art 2 I i. V. m. Art. 1 I (Heft 11/2006)
Beleihung Privater mit der Überwachung der Abfallentsorgung, JK 06, GG Art. 33 (Heft 11/2006)
Mobilfunkstationen im reinen Wohngebiet, JK 06, BauNVO § 14 II 2 (Heft 11/2006)
Transparanzerfordernisse bei der Vergabe einer Konzession für eine öffentliche Dienstleistung, JK 06, EGV Art. 43 (Heft 12/2006)
Ausschluss eines Theologieprofessors aus der Theologenausbildung, JK 06,

GG Art. 5 III (Heft 12/2006)
Hausrecht des Schulleiters, JK 06, SchulG NRW § 59 Abs. 2 (Heft 12/2006)
Kostenübernahme bei Krankenhausbehandlungen in einem anderen Mitgliedstaat der EG, JK 07, EGV Art. 49 (Heft 01/2007)
Subsidiarität der Verfassungsbeschwerde gegen Rechtsverordnungen, JK 07, BVerfGG § 90 II (Heft 01/2007)
Schadensersatz des Vermieters bei Wiedereinweisung Obdachloser, JK 07, VwG SH § 223 I (Heft 01/2007)
Haushaltsnotlage Berlin, JK 07, GG Art. 107 II 3 (Heft 02/2007)
Rechtmäßigkeit des Ausschlusses aus einer Parlamentsfraktion, JK 07, BerlVerf Art. 38 I,IV (Heft 02/2007)
Der „ne bis in idem"-Grundsatz im europäischen Gemeinschaftsrecht, JK 07, 7. ZP EMRK Art. 4 (Heft 02/2007)
Haartracht uniformierter Polizeibeamter, JK 07, GG Art. 2 I (Heft 03/2007)
Kein wirksamer Rechtsschutz in Deutschland gegen überlanges Gerichtsverfahren, JK 07, EMRK Art. 13 (Heft 03/2007)
Untersagung von Sportwetten, JK 07, StGB § 284 (Heft 03/2007)
Errichtung der Gemeinschaftsagentur ENISA, JK 07, EGV Art. 95 (Heft 04/2007)
Rechtsschutz bei Nichtbestellung zum Insolvenzverwalter, JK 07, GG Art. 3 I (Heft 04/2007)
Zulässigkeit der Betätigung kommunaler Einrichtungen außerhalb ihres Gebietes, JK 07, GemO RP § 85 (Heft 04/2007)
Rechtmäßigkeit der EG-Tabakrichtlinie, JK 07, EGV Art. 95 I (Heft 05/2007)
Verfassungsmäßigkeit der Primärrechtsschutzbeschränkung auf oberschwellige Auftragsvergaben, JK 07, GG Art. 20 III (Heft 05/2007)
Verwaltungsrechtsgerichtlicher Rechtsschutz gegen Sperrerklärungen im Strafprozess, JK 07, VwGO § 99
(Heft 05/2007)
(Heft 06/2007)
(Heft 06/2007)
(Heft 06/2007)
Gemeinschaftsrechtlicher Anwendungsvorrang bei Rückforderung von Beihilfen , JK 07, EGV Art. 88 (Heft 07/2007)
Verstoß eines Einreiseverbotes gegen die Religionsfreiheit, JK 07, GG Art. 4 I, II (Heft 07/2007)
Streitgegenstand der Bescheidungsklage, JK 07, VwVfG § 54 (Heft

07/2007)

Verfassungswidrigkeit des Erbschaftssteuerrechts, JK 07, GG Art. 3 I (Heft 08/2007)

Zwangsmitgliedschaft in Jagdgenossenschaften, JK 07, GG Art. 14 I, 20 a (Heft 08/2007)

Informationsfreiheitsgesetz, JK 07, IFG NRW § 2 (Heft 08/2007)

Verfassungswidrigkeit des Erbschaftssteuerrechts, JK 07, GG Art. 3 I (Heft 08/2007)

Zwangsmitgliedschaft in Jagdgenossenschaften, JK 07, GG Art. 14 I, 20 a (Heft 08/2007)

Informationsfreiheitsgesetz, JK 07, IFG NRW § 2 (Heft 08/2007)

Schutz der Arbeitsvermittler durch die Arbeitnehmerfreizügigkeit und Dienstleistungsfreiheit, JK 07, EGV Art. 39 (Heft 10/2007)

Altersgrenze für Verkehrspiloten, JK 07, GG Art. 12 I (Heft 10/2007)

Öffentlich-rechtliche Erstattungsansprüche des Dienstherrn wegen Dienstpflichtverletzung eines Beamten, JK 07, BBG § 78 (10/2007)

訳者紹介（50音順）

石川《いしかわ》 敏行《としゆき》（Toshiyuki Ishikawa）

中央大学法科大学院教授（公法専攻）。1951年生。中央大学大学院法学研究科修士課程修了。Friedrich Franz von Mayer. Als Begründer der “juristischen Methode” im deutschen Verwaltungsrecht (Duncker & Humblot, 1992)にて，フランクフルト大学より法学博士号（Dr. jur.）取得（1991年）。中央大学法学部助手，同助教授，同教授を経て，2004年より現職。主著：『はじめての行政法』（大貫裕之氏他と共著。有斐閣，2007年），『はじめて学ぶプロゼミ行政法（改訂版）』（実務教育出版，2001年），訳書：メンガー著『ドイツ憲法思想史』（石村修氏他と共訳）（世界思想社，1998年）など。

工藤《くどう》 達朗《たつろう》（Tatsurô Kudô）

中央大学法科大学院教授（憲法専攻）。1956年生。中央大学大学院法学研究科博士前期課程修了。中央大学法学部助手，助教授および教授を経て，2004年より現職。主著：『憲法の勉強』（尚学社，1999年），『ドイツの憲法裁判』（編著，中央大学出版部，2002年），『ファーストステップ憲法』（共著，有斐閣，2005年），『ケースで考える憲法入門』（共著，有斐閣，2006年）など。

武市《たけち》 周作《しゅうさく》（Shûsaku Takechi）

中央学院大学法学部専任講師（憲法専攻）。1976年生。中央大学大学院法学研究科博士後期課程単位取得満期退学。主著：『よくわかる憲法』（共著，ミネルヴァ書房，2006年），『法学―沖縄法律事情』（共編著，琉球新報社，2005年）。

山内《やまうち》 惟介《これすけ》（Koresuke Yamauchi）

中央大学法学部教授（国際私法・比較法専攻）。1946年生。中央大学大学院法学研究科修士課程修了。『国際公序法の研究』（中央大学出版部，2001年）により法学博士号取得。東京大学法学部助手，中央大学法学部専任講師および助教授を経て，1984年より現職。2007年3月23日，Alexander von Humboldt Stiftung の Forschungspreis (Reimer Lüst-Preis für internationale Wissenschafts- und Kulturvermittlung) 受賞。主著：『海事国際私法の研究』（中央大学出版部，1988年），『国際会社法研究　第一巻』（中央大学出版部，2003年），『国際金融証券市場と法』（中央大学出版部，2007年），（雁金利男氏と共編），訳書：グロスフェルト著『国際企業法』（中央大学出版部，1989年），グロスフェルト著『比較法文化論』（浅利朋香氏と共訳）（中央大学出版部，2004年），など。

エーラース教授講演集
ヨーロッパ・ドイツ行政法の諸問題
日本比較法研究所翻訳叢書（55）

2008年 6 月25日　初版第 1 刷発行

山内惟介
編訳者　石川敏行
工藤達朗

発行者　玉造竹彦

発行所　中央大学出版部
〒 192-0393
東京都八王子市東中野742-1
電話042(674)2351・FAX042(674)2354
http://www2.chuo-u.ac.jp/up/

© 2008
ISBN 978-4-8057-0356-4
大森印刷

日本比較法研究所翻訳叢書

No.	著者・訳者	書名	判型・価格
0	杉山直治郎訳	仏蘭西法諺	B6判（品切）
1	F・H・ローソン 小堀憲助他訳	イギリス法の合理性	A5判 一二六〇円
2	B・N・カドーゾ 守屋善輝訳	法の成長	B6判（品切）
3	B・N・カドーゾ 守屋善輝訳	司法過程の性質	B6判（品切）
4	B・N・カドーゾ 守屋善輝訳	法律学上の矛盾対立	B6判 七三五円
5	ヴィノグラドフ 矢田一男他訳	中世ヨーロッパにおけるローマ法	A5判（品切）
6	R・E・メガリ 金子文六他訳	イギリスの弁護士・裁判官	A5判 一二六〇円
7	K・ラーレンツ 神田博司他訳	行為基礎と契約の履行	A5判（品切）
8	F・H・ローソン 小堀憲助他訳	英米法とヨーロッパ大陸法	A5判（品切）
9	I・ジュニングス 柳沢義男他訳	イギリス地方行政法原理	A5判（品切）
10	守屋善輝編	英米法諺	B6判 三一五〇円
11	G・ボーリー他 新井正男他訳	〔新版〕消費者保護	A5判 二九四〇円
12	A・Z・ヤマニー 真田芳憲訳	イスラーム法と現代の諸問題	B6判 九四五円
13	ワインスタイン 小島武司編訳	裁判所規則制定過程の改革	A5判 一五七五円
14	カペレッティ編 小島武司編訳	裁判・紛争処理の比較研究（上）	A5判 二三一〇円
15	カペレッティ 小島武司他訳	手続保障の比較法的研究	A5判 一六八〇円
16	J・M・ホールデン 高窪利一監訳	英国流通証券法史論	A5判 四七二五円
17	ゴールドシュティン 渥美東洋監訳	控えめな裁判所	A5判 一二六〇円
18	カペレッティ編 小島武司編訳	裁判・紛争処理の比較研究（下）	A5判 二七三〇円

日本比較法研究所翻訳叢書

番号	書名	著者・訳者	判型・価格
19	法社会学と比較法	ドゥローブニク他編 真田芳憲他訳	A5判 三一五〇円
20	正義へのアクセスと福祉国家	カペレッティ編 小島・谷口編訳	A5判 四七二五円
21	西独民事訴訟法の現在	P・アーレンス編 小島武司編訳	A5判 三〇四五円
22	西ドイツ比較法学の諸問題	D・ヘーンリッヒ編 桑田三郎編訳	A5判 五〇四〇円
23	西独訴訟制度の課題	P・ギレス編 小島武司編訳	A5判 四四一〇円
24	イスラームの国家と統治の原則	M・アサド 真田芳憲訳	A5判 二〇四〇円
25	児童救済運動	A・M・プラット 藤本・河合訳	A5判 二五四九円
26	民事司法の展望	M・ローゼンバーグ 小島・大村編訳	A5判 二三四五円
27	国際企業法の諸相	B・グロスフェルト 山内惟介訳	A5判 四二〇〇円
28	西ドイツにおける自治団体	H・U・エーリヒゼン 中西又三編訳	A5判 一六八〇円
29	国際民事訴訟の法理	P・シュロッサー 小島武司編訳	A5判（品切）
30	各国仲裁の法とプラクティス	P・シュロッサー他 小島武司編訳	A5判 一五七五円
31	国際仲裁の法理	P・シュロッサー 小島武司編訳	A5判 一四七〇円
32	中国法制史㊤	張晋藩 真田芳憲監修	A5判（品切）
33	ドイツ現代家族法	W・M・フライエンフェルス 田村五郎編訳	A5判（品切）
34	国際私法・比較法論集	K・F・クロイツァー 山内惟介監修	A5判 三六七五円
35	中国法制史㊦	張晋藩 真田芳憲監訳	A5判 四〇九五円
36	フランス私法講演集	J・レジェ他 山野目章夫他訳	A5判 一五七五円
37	民事司法の国際動向	G・C・ハザード他 小島武司編訳	A5判 一八九〇円

日本比較法研究所翻訳叢書

38	オトー・ザンドロック／丸山秀平 編訳	国際契約法の諸問題	A5判 一四七〇円
39	E・シャーマン／大村雅彦 編訳	ADRと民事訴訟	A5判 一三六五円
40	ルイ・ファボルー他／植野妙実子 編訳	フランス公法講演集	A5判 三一五〇円
41	S・ウォーカー／藤本哲也 編訳	民衆司法――アメリカ刑事司法の歴史	A5判 四二〇〇円
42	ウルリッヒ・フーバー他／吉田豊・勢子 編訳	ドイツ不法行為法論文集	A5判 七六六五円
43	スティーヴン・L・ペパー／住吉博 編訳	道徳を超えたところにある法律家の役割	A5判 四二〇〇円
44	W・マイケル・リースマン他／宮野洋一他 訳	国家の非公然活動と国際法	A5判 三七八〇円
45	ハインツ・D・アスマン／丸山秀平 編訳	ドイツ資本市場法の諸問題	A5判 一九九五円
46	デイヴィド・ルーバン／住吉博 編訳	法律家倫理と良き判断力	A5判 六三〇〇円
47	D・H・ショイイング／石川敏行 監訳	ヨーロッパ法への道	A5判 三一五〇円
48	ヴェルナー・F・エブケ／山内惟介 編訳	エブケ教授講演集 経済統合・国際企業法・法の調整	A5判 二八三五円
49	トビアス・ヘルムス／野沢・遠藤 訳	生物学的出自と親子法	A5判 三八八五円
50	ハインリッヒ・デルナー／野沢・山内 編訳	ドイツ民法・国際私法論集	A5判 二四一五円
51	フリッツ・シュルツ／眞田芳憲・森光 訳	ローマ法の原理	A5判（品切）
52	シュテファン・カーデルバッハ／山内惟介 編訳	国際法・ヨーロッパ公法の現状と課題	A5判 一九九五円
53	ペーター・ギレス／小島武司 編	民事司法システムの将来	A5判 二七三〇円
54	インゴ・ゼンゴー／古積・山内 編訳	ドイツ・ヨーロッパ民事法の今日的諸問題	A5判 二五二〇円

＊価格は消費税５％を含みます。